Väst-noveller

Carina Middendorf ist Schwedin und kommt aus Svenljunga in Västergötland. Sie studierte soziale Arbeit in Göteborg und arbeitete mehrere Jahre als Sozialpädagogin, bevor sie 2003 die Sprachschule *Svenska Intensiv* in Hamburg gründete. Seit 2018 verfasst sie gemeinsam mit ihrer Kollegin Elizabet Gerber Andelius den „Sprachkalender Schwedisch", der ebenfalls im Helmut Buske Verlag erscheint. www.svenskaintensiv.de

Carina Middendorf

Väst-noveller

Lerngeschichten aus Westschweden

BUSKE

Bildnachweise:

Umschlag und S. 31: Angela Oswald
S. 9: Gemeindeverwaltung Svenljunga
S. 51: Bo Randstedt
S. 71: Axel von Matern aka „Axelaxel" (https://commons.wikimedia.org/wiki/File:Varberg_open_air_bath_and_beach_2009.jpg), „Varberg open air bath and beach 2009", https://creativecommons.org/licenses/by/3.0/legalcode
S. 91: Mikael Ejdemyr (https://commons.wikimedia.org/wiki/File:Folkvisan.jpg), „Folkvisan", https://creativecommons.org/licenses/by-sa/3.0/legalcode

Bibliografische Information der Deutschen Nationalbibliothek

Die Deutsche Nationalbibliothek verzeichnet diese Publikation in der Deutschen Nationalbibliografie; detaillierte bibliografische Daten sind im Internet über ‹http://portal.dnb.de› abrufbar.

ISBN 978-3-96769-019-4

 Umschlaggestaltung: QART Büro für Gestaltung, Hamburg. Satz: Manuela Gantner – Punkt, STRICH. Druck und Bindung: Beltz Grafische Betriebe, Bad Langensalza. Printed in Germany.

INHALT

FÖRORD

Den här boken har jag skrivit eftersom jag tyckte att det fattades texter för de elever i svenska som börjar tycka att bearbetad text i formatet ”lättläst” är för enkelt, men ”vanliga” romaner fortfarande lite för svåra.

Jag har valt ut fem orter i västra Sverige och hittat på en historia till varje ort. Orterna och allt som berättas om dem är alltså sant, men personerna som jag skriver om, finns inte på riktigt.

Boken passar bra för dig som befinner dig på b-nivån enligt CEFR (Common European Framework of Reference). Du kan läsa boken som en lite enklare novellsamling, men du kan också välja att läsa novell för novell och bearbeta dem så som du läser i en lärobok. I varje novell finns rutor med rubrikerna *fakta, geografi, grammatik* och *ordförråd*. Texten i rutorna för inte berättelsen framåt, så du missar inget om du hoppar över dem. Förutom chansen att repetera grammatik, lära dig nya ord och kanske en hel del kunskap om Sverige, särskilt om de fem orterna vi besöker.

Efter varje novell finns det en *gloslista* med orden i den ordningen som de dyker upp i texten. Det finns också tio *diskussionsfrågor*, som du kan fundera på ensam eller tillsammans med en grupp. Det finns inget facit till dem. *Facit* till övningarna i rutorna hittar du längst bak i boken.

Ha så kul när du läser och lycka till!

Jag vill passa på att tacka kollegan Håkan Fink, som gav mig idéen och uppmuntrade mig att skriva den här boken.

VORWORT

Dieses Buch habe ich geschrieben, weil ich merkte, dass es an Texten für die Schwedischlernenden fehlte, die sich mit dem Format „leicht zu lesen" langweilen, sich jedoch gleichzeitig noch nicht an „normale" Romane herantrauen.

Ich habe fünf Orte in Westschweden ausgewählt und eine Geschichte für jeden Ort erfunden. Die Orte und alles, was darüber erzählt wird, sind also wahr. Aber die Personen, die vorkommen, gibt es nicht wirklich.

Das Buch ist laut dem GER (Gemeinsamer Europäischer Referenzrahmen) für Lernende der Niveaustufe B geeignet. Du kannst das Buch als einen etwas einfacheren Kurzgeschichtenband lesen, aber auch Kurzgeschichte für Kurzgeschichte lesen und sie wie ein Lehrbuch bearbeiten. In jeder Kurzgeschichte gibt es Kästen mit den Überschriften *Fakten, Geografie, Grammatik* und *Wortschatz.* Der Text in den Kästen führt die Geschichten nicht weiter, also kannst du sie ohne Weiteres überspringen. Allerdings entgeht dir dann die Chance, etwas Grammatik zu wiederholen, neue Wörter zu lernen und eine ganze Menge über Schweden und vor allem über die fünf Orte, die wir besuchen, zu erfahren.

Nach jeder Kurzgeschichte gibt es eine *Vokabelliste* mit den Wörtern in der Reihenfolge, in der sie im Text vorkommen. Es gibt auch zehn *Diskussionsfragen*, über die du allein oder mit der Gruppe nachdenken kannst. Dazu gibt es aber keine Schlussfolgerung. Einen *Lösungsschlüssel* zu den Übungen in den Kästen findest du am Ende des Buches.

Viel Spaß beim Lesen und viel Erfolg!

Ich möchte diese Gelegenheit nutzen, um meinem Kollegen Håkan Fink zu danken, der mir die Idee gegeben und mich ermutigt hat, dieses Buch zu schreiben.

SVENLJUNGA: Den försvunna kyrknyckeln

PERSONER

Jenny, 18, musikbegåvad gymnasieelev
Micke, 19, hennes svartsjuke pojkvän
Jonas, 34, Jennys musiklärare i skolan
Ella, 27, kantor och Jennys kusin
Sture, 52, präst som gillar får

Ella har utan Stures vetskap lånat ut kyrknyckeln till Jenny, så att hon kan öva på kyrkorgeln. Jenny vill imponera på musikläraren Jonas och få ett bättre betyg i musik. Micke gillar inte att Jenny hänger så mycket i kyrkan med orgeln och misstänker att det finns andra anledningar till att Jenny vill imponera på Jonas än de rent musikaliska.

Torsdag

Det är torsdag eftermiddag, majsolen skiner och Jenny går till Ella. Ella är Jennys kusin. Hon bor i en lägenhet på Protus gränd. Jenny vill låna nyckeln till kyrkan, så att hon kan spela på kyrkorgeln. Ella är kantor i kyrkan och blir alltid glad när Jenny vill öva på orgeln. Ella är stolt över Jenny! ”Hon är så musikalisk! Hon spelar snart bättre än jag!” Ella brukar följa med till kyrkan, men idag är hon förkyld och ligger hemma med feber. ”Ta nyckeln bara”, säger hon till Jenny. ”Öva kan du göra utan mig. Men säg inget till Sture, han blir arg om jag lånar ut nyckeln.” Sture är prästen i kyrkan och Ellas chef. Jenny stoppar ner nyckeln i jeansfickan. ”Nej, jag lovar att inte skvallra. Vill du att jag ska koka te till dig?” frågar hon. ”Nej tack,” säger Ella, ”jag vill bara sova.”

Jenny går mot kyrkan och hon tänker på vad hon ska spela. Hon ska öva till ett praktiskt prov i musik och Jonas, musikläraren, har sagt att de får välja fritt. Jenny är inte så bra i skolan, men musik är hon bra på. Hon tar vägen vid ån och just innan hon kommer till den gamla bron, får hon se Micke. Han sitter där på en bänk och tittar på Ätrans vatten. Han har ljust hår och en virvel i luggen. Virveln gör att han ser nyvaken ut, tycker Jenny. Hon blir glad och varm i magen. Micke är hennes pojkvän och hon är så kär i honom! → 1

GEOGRAFI **1**

Ätran rinner genom Svenljunga och är en av de fyra åarna som rinner ut i havet i landskapet Halland.
Från norr till söder är det Viskan, Ätran, Nissan och Lagan.
Det är lätt att komma ihåg, om man lär sig ramsan: ”Vi ska äta, ni ska laga.”
Viskan rinner genom bland annat Borås och når havet norr om Varberg.
Ätran flyter också genom Åsunden och rinner ut i havet i Falkenberg.
Nissan tar sin väg genom bland annat Gislaved och mynnar ut i Halmstad.
Lagan slingrar sig till exempel genom Värnamo och kommer till havet söder om Halmstad.

”Men hej! Vad gör du här?” undrar hon. Det är inget ställe man brukar hänga på. Micke kommer emot henne och ger henne en kram. ”Väntar på dig, så klart. Ska vi göra en utflykt? Det är äntligen varmt, vi åker till Revesjö och badar!” säger han. Han har en väska med badkläder och en picknickkorg med sig. ”Bra idé”, säger Jenny, ”men jag måste öva på kyrkorgeln. Jag har praktiskt musikprov på måndag och jag vet inte vad jag ska spela.” Micke ser ledsen ut, sedan säger han: ”Du kan öva imorgon istället! Kom nu!” Han kramar henne igen och kysser henne. Jenny slingrar sig ur hans famn och skakar på huvudet. ”Nej, jag måste öva idag *och* imorgon om jag ska få bra betyg av Jonas.” Nu ser Micke inte ledsen ut längre, utan arg. ”Jonas, Jonas, Jonas! Aldrig hör man annat än JONAS!” Jenny går mot kyrkan, Micke följer efter. Nu är han jättearg och besviken. Han tar tag i hennes arm och försöker krama henne igen, sticker ner sin hand i hennes ficka, för att hålla henne kvar. Jenny drar sig loss och börjar springa mot kyrkan. ”Hej då, vi ses imorgon istället! Jag måste verkligen öva nu!”

”Men vad i helvete …”, muttrar Jenny och gräver i byxfickan. ”Jag hade den ju precis.” Hon står utanför dörren till sakristian och tänker inte på hur opassande svordomen är just där. Hon letar efter nyckeln till dörren. Hon vänder upp och ner på den tunna tygpåsen med nothäften i men nyckeln är inte där heller. Hon suckar och tänker att hon glömt nyckeln hos Ella och går tillbaka till Protus Gränd för att hämta den. Kvällen är verkligen varm för att vara i början av maj och Jenny känner nästan doften av hägg när hon går längs ån, tillbaka hem till Ella. Häggen blommar inte än, men om värmen håller i sig, så kommer snart de vita blomklasarna att hänga i träden och lukta gott. → 2

GEOGRAFI **2**

Jenny bor i Svenljunga, en liten tätort med drygt 3500 invånare i södra Västergötland. Orten har grundskola från årskurs ett till årskurs nio. Alla ungdomar som inte vill gå på naturbruksgymnasiet måste åka buss till Mark, Borås eller Tranemo för att gå de tre sista skolåren.

Kyrkan i Svenljunga var klar 1829 och invigdes ett år senare. Altartavalan är från 1860-talet och föreställer Jesus som möter två profeter. Orgeln är en mekanisk orgel från 1961.

”Ella!” ropar Jenny. ”Det är bara jag. Ligg kvar, jag ska bara hämta nyckeln till kyrkan.” Men – den hänger inte på kroken i hallen! ”Nyckeln?” säger Ella från sängen. ”Den har du redan.” Ella hostar och snyter sig. Plötsligt förstår Jenny att nyckeln är borta. Och det är hennes fel! Hon går in till Ella och förklarar vad som hänt. Men Ella har hög feber och bryr sig inte alls om nyckeln eller något annat.

Jenny går vägen mellan Protus gränd och kyrkan flera gången fram och tillbaka. ”Den måste ju finnas här någonstans” mumlar hon när hon tittar ner på stigen som hon går på. Efter tredje vändan ger hon upp och går hem.

Fredag

På fredag morgon vill Jenny inte gå upp och gå till skolan. Hon har ont i magen och nyckeln till kyrkan är borta. Hon vet inte vad hon ska spela på sitt praktiska musikprov och hur hon ska kunna öva. Innan hon går till skolan, letar hon efter nyckeln hemma, i alla fickor och väskor som hon har. Hon missar bussen och kommer för sent till skolan och är på dåligt humör. Den första hon möter när hon kommer till skolan, är musikläraren Jonas. ”Hej!” ropar han glatt ”berätta vad du spelar på måndag!” ”Äh, jag …” stammar Jenny,” … det blir en överraskning!” och så rusar hon iväg till sin lektion. → 3

ORDFÖRRÅD 3

Vet du skillnaden på fickor och väskor?
Du har fickor på dina kläder, till exempel en byxficka och en jackficka.
En väska kan du bära med dig, till exempel en handväska eller en resväska.

obest. sing	best. sing	obest. plur	best. plur
en ficka	fickan	fickor	fickorna
en väska	väskan	väskor	väskorna

På lunchrasten ringer Jenny till Ella. Ella kanske har nyckeln hemma i alla fall? ”Mår du bättre?” börjar Jenny. ”Nej, jag vill inte prata, bara sova.” Ella lägger på luren och Jenny kan inte fråga efter nyckeln. Jenny har fortfarande ont i magen när hon kommer hem på eftermiddagen och hon kan inte sluta tänka på den försvunna nyckeln. Hennes lillasyster Lina är glad och förväntansfull. Ikväll ska föräldrarna gå på teaterbiografen och sedan ska de hem till goda vänner. Jenny ska vara hemma med Lina. → 4

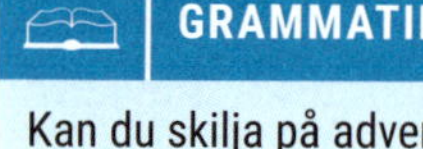

GRAMMATIK 4

Kan du skilja på adverben hem och hemma? Det har med rörelse och befintlighet att göra!

(rörelse) hem – Jag går hem. Hon cyklar hem. Han åker hem.

(befintlighet) hemma – Jag är hemma. Hon bor hemma. Han sitter hemma.

Samma sak gäller för adverben in/inne, ut/ute, upp/uppe, ner/nere.

”Idag är det bara vi två som har fredagsmys!” ropar Lina ”mamma köper tacos till oss! Vilken film ska vi se?” Jenny suckar men försöker se glad ut. ”Så gott med tacos! Film kan du välja.” Lina springer runt i huset på Skolgatan och börjar redan klockan fyra ställa i ordning för myskvällen. Jenny sitter på sängen i sitt rum och försöker tänka klart men det snurrar i huvudet. ”Jag har tre problem” tänker hon. ”Ett: Nyckeln till kyrkan är borta. Ella blir arg på mig och prästen blir arg på henne, för att hon lånade ut den. Två: Jag vet inte vad jag ska spela på måndag och jag kan inte öva, för jag har ingen nyckel. Tre: Micke är arg på mig för att jag vill spela orgel istället för att bada med honom.” → 5

FAKTA **5**

Sedan 1990-talet finns det ett ord för det som de flesta svenskar brukar göra på fredagskvällarna: fredagsmys. De firar helt enkelt att arbetsveckan är slut och laddar upp inför helgen. Fredagsmyset kan se lite olika ut beroende på i vilken livssituation man är. Många svenska barnfamiljer brukar äta tacomiddag med många tex-mex-inspirerade tillbehör på fredagskvällarna.

Klockan närmar sig åtta och tacomiddagen är slut. Jenny röjer in tallrikar och skålar i diskmaskinen. Lina hjälper till. Hon bär bestick och glas till köket. Efter en stund sitter flickorna framför tv:n och tittar på Linas älsklingsfilm ”Mama Mia”. Plösligt hör de ett konstigt ljud på altanen och båda rycker till! Lina blir rädd och kryper nära Jenny. Jenny reser sig upp. ”Vänta lite, jag kollar vad det är”, säger hon och försöker låta modig, fast hon egentligen också är rädd. Hon går fram till altandörren och tittar ut i den ljusa kvällen.

Först ser hon ingenting, sedan ser hon någon som smyger i trädgården. När personen knackar på fönstret till hennes rum, ser Jenny att det är Micke. Hon öppnar dörren och ropar: ”Micke?! Vad gör du här? Varför ringer du inte på dörren? Varför smyger du omkring här och skrämmer oss?” Han vänder sig om och ser förvånat på henne. ”Åh? Är du inte på ditt rum? Jag vill inte träffa dina föräldrar.” Jenny skrattar och öppnar dörren. ”Kom in! De är inte hemma. Det är bara Lina och jag här.”

Micke kommer in och Lina är inte rädd längre, men hon ser sur ut. ”Men Jenny, det skulle ju bara vara vi i kväll”, muttrar hon. Micke försöker få av sig gympaskorna utan att sätta sig ner. Han står på högerbenet och försöker att knyta upp skosnörena på vänsterskon. Han vinglar till och när han kommer närmare känner Jenny att han luktar sprit. Micke märker inte att Lina är sur, han ser henne inte ens. ”Sätt dig och var tyst”, säger Jenny till Micke. ”Lina och jag tittar på Mama Mia. Det är hennes favoritfilm.” Micke är inte alls tyst, han börjar prata om att han vill bada i Revesjö, om Jennys spelande och om Jonas. Han återkommer flera gånger till musikläraren. "Jonas, är han någon slags djävla gud, eller? Måste du alltid öva bara för att han säger det, eller?!" Han sitter inte i soffan utan står upp mitt på golvet i vardagsrummet. Han viftar ilsket med armarna i luften. Jenny försöker lugna honom, men det går inte så bra. Micke blir bara argare och argare. Han fortsätter att skrika. Till slut tar han på sig gympaskorna igen, stampar ut i hallen och smäller igen ytterdörren. Lina, som inte sagt något under Mickes utbrott, suckar tungt. "Skönt att den idioten gick. Kan vi se om en bit av filmen? Har vi mer chips?" Jenny är också lättad över att de är ensamma igen. Hon går ut i köket för att hämta mer chips. Jenny är ledsen för att Micke inte fattar vad musiken betyder för henne och när hon känner efter, är hon faktiskt arg också! Lina har rätt, han är en idiot! Svartsjuk på musikläraren? Han är ju dum i huvudet! Men hur dum är hon själv, egentligen? Hon är visst tillsammans med en svartsjuk idiot? Ja, det måste hon tänka på. → 6

GRAMMATIK / ORDFÖRRÅD 6

Rumsprepositioner ur texten

i på framför ur ner genom efter ut in till av

Fyll i rätt preposition i meningarna!

1. Flickorna vill att Micke ska sluta bråka. "Lägg ___________!"
2. Lina sitter ___________ soffan.
3. Chipsskålen står ___________ soffbordet.
4. Lina går ___________ Jenny ___________ fönstret.
5. Micke knackar ___________ fönstret.
6. Tänk om han kastar en sten ___________ fönstret, så att det går sönder!
7. Jenny går ___________ ___________ köket och kollar om det finns chips kvar.
8. Lina sitter ___________ TV:n och tittar ___________ Mama Mia.
9. Jenny tar en sockerbit ___________ sockerskålen och lägger ___________ kaffekoppen.
10. Micke är jättearg! Han stannar inte kvar ___________ Skolgatan. Han går ___________ ___________ byn istället.
11. Jenny står ___________ trappan och tittar ___________ honom. Sedan går hon ___________ igen.

När Lina har somnat och föräldrarna kommit hem, ligger Jenny fortfarande och vrider sig i sängen. Hon kan inte somna. Hon tänker på Micke, nyckeln, Jonas, vad hon ska spela för musikstycke och Micke, nyckeln, Jonas, vad hon ska spela för musikstycke och så samma sak en gång till. → 7

 GRAMMATIK 7

Verb: preteritum

På svenska använder vi alltid preteritum av verbet när det handlar om något som hände i förfluten tid, till exempel i går, i förra veckan eller 2012.

De regelbundna verben är lätta!
Verbgrupp 1 behåller den sista bokstaven a och får ändelsen -de
– ex. arbetade, cyklade, tittade
Verbgrupp 2a får också ändelsen -de
– ex. hävde, ringde, hände
Verbgrupp 2b får -te
(eftersom det är svårt att säga -d efter konsonanterna p, t, k, s, x)
– ex. lekte, åkte, läste
Verbgrupp 3 får -dde
– ex. bodde, mådde, glodde

De starka verben får oftast en annan vokal, men ingen ändelse.
– ex. skrek, åt, drack
De oregelbundna verben gör precis som de vill!
– ex. gick, var, dog

Lördag

Jenny sover dåligt och känner sig inte alls pigg, när hon vaknar på lördagsmorgonen. Hon går till badrummet, tittar i spegeln och tycker att hon är ful. Hon skvätter lite vatten i ansiktet och går sedan ut i köket. Mamma kokar te, pappa steker amerikanska pannkakor och Lina sitter vid köksbordet och berättar upphetsat om Micke. ”Och sen skrek han att Jenny är en djävla liten bitch som det inte går att lita på och sen ….” Pappa tittar upp från stekpannan, rynkar pannan och sätter upp en hand som ett stopptecken i luften. ”Lina, det räcker nu. Jag vill inte veta exakt vad Micke sa igår. Kan du duka frukostbordet istället?” Lina ser besviken ut men reser sig upp och börjar plocka fram tallrikar, bestick och muggar.

”God morgon, hjärtat!” säger pappa lite väl muntert, när Jenny kommer in i köket. Mamma ser på henne med den där lilla bekymmersrynkan mellan ögonen. När man ser den, då vet man att hon är orolig för något. Jenny försöker se ut och låta som vanligt, när hon säger ”God morgon, vilken fin frukost! Är det någon som fyller år?” Lina är glad igen. ”Titta, jag har hällt upp kall apelsinjucie till dig! Vill du ha ett kokt ägg?” Jenny svarar tacksamt på Linas fråga. Det är mycket lättare att säga att hon vill ha ägget löskokt, än att svara på mammas outtalade fråga om vad som egentligen hände igår kväll. → 8

ORDFÖRRÅD 8

Adjektiv

Hitta motsatsparen!

dålig	pigg	ful	upphetsad	besviken	lydig	munter	orolig	kall	lös
trött	lugn	nöjd	hård	fin	varm	trist	olydig	lugn	bra

”Ella ringde precis innan du vaknade”, säger pappa när Jenny tackar för maten och är på väg ut ur köket. Hon stannar till, vänder sig om och stelnar till när pappa säger: ”Hon sa något om någon nyckel. Men jag fattade inte riktigt. Hon var så hes så att jag inte förstod vad hon ville.” Jenny förstår precis vad det handlade om. Ella kom på att hon gav Jenny nyckeln till kyrkan i torsdags. Hon tänkte säkert gå dit för att öva lite på psalmerna till söndagens gudstjänst. Det brukar hon göra på lördagarna. Det suger till i Jennys mage och det känns som om hon måste kräkas.

Nu har hon två val: antingen erkänner hon för Ella att nyckeln är borta eller så går hon direkt till Sture. Om hon går direkt till Sture, kan hon både säga att hon tog nyckeln utan att Ella visste om det och att det är bara är hennes fel att den är borta. Ella låg i sängen och var riktigt sjuk i torsdags, när Jenny tog nyckeln. Om Jenny tar på sig skulden, så kanske inte Sture blir arg på Ella utan på Jenny istället. Varken det ena eller det andra alternativet, känns bra, men Jenny bestämmer sig för det andra. → 9

Jenny hämtar sin cykel ur garaget. Det är redan ganska varmt och hon har på sig sina favoritshorts och en rosa t-shirt. Hon slänger ner sitt anteckningsblock i cykelkorgen. Anteckningsblocket är blommigt och en penna sitter fast i ett snöre, så att man alltid har något att skriva med. Jenny tyckte att det var praktiskt när hon fick blocket av Micke. Nej, inte Micke! Hon vill inte tänka på sin pojkvän just nu! Hon har bestämt sig för att ta ett problem i taget. Först nyckeln, sedan vad hon ska spela på måndag och så öva på det. Efter det kan hon fundera på vad hon ska göra med den där svartsjuke idioten som är hennes pojkvän. → 10

GRAMMATIK 9

Konjunktioner: antingen ... eller / både ... och / varken ... eller

Sätt in rätt konjunktion i meningarna!

1. Jenny måste bestämma sig: ____________ berättar hon för Ella att hon slarvat bort nyckeln ____________ så pratar hon direkt med Sture.
2. Mamma brukar ta ____________ mjölk ____________ socker i kaffet. "Jag älskar söt cappuccino!"
3. Pappa tar ____________ mjölk ____________ socker i sitt kaffe. "Jag dricker bara espresso."
4. Lina dricker ____________ cappuccino ____________ espresso. "Jag vill ha varm choklad istället!"
5. Lina är hungrig och vill ha ____________ amerikanska pannkakor ____________ kokt ägg till frukost.

Jenny låser fast sin cykel ordentligt i cykelstället vid församlingshemmet och går in för att leta efter Sture. Det är öppet, men hon ser ingen som jobbar där. Hennes hjärta bultar och hon är så nervös att det susar i öronen. Det kommer en ung, blond kvinna runt hörnet med en stor tårta på en bricka. "Är du bjuden på dopet?" undrar hon, samtidigt som hon går vidare. "Nej", svarar Jenny, "jag skulle bara kolla efter om Sture är inne." Kvinnan skakar på huvudet. "Det tror jag inte. Det är ingen som jobbar idag. Vi har bara lånat lokalen för att ha dopkalas", säger kvinnan och springer iväg med sin tårta.

Jenny går vidare till Stures rum. Hon knackar på, men ingen svarar. Hon tittar in genom det långsmala fönstret till vänster. Rummet är tomt. Jenny går till kyrkan och känner på dörren till sakristian. Den är låst. Sture är inte här heller. Jenny går tillbaka till sin cykel vid församlingshemmet, men istället för att cykla hem eller till Ella, sätter hon sig på stenmuren en stund för att tänka. Hon sträcker ut benen och ser att hon har ett myggbett på knät. → 11

Jenny funderar på vad hon vet om Sture. Han har en fru, deras barn är vuxna och bor inte hemma längre. Hon vet också att det inte finns någon prästgård, men hon vet inte var Sture och hans fru bor någonstans. Hon tar upp telefonen och börjar googla på Sture Stolt, Svenljunga. Och vips! På sajten https://www.hitta.se får hon inte bara upp var Sture bor med sin fru Mechthild utan också deras adress, telefonnummer och födelsedagar. Erbjudandet att skicka dem en blomma, bryr hon sig inte om. Hon låser istället upp cykeln och cyklar iväg till adressen hon hittade. → 12

 GRAMMATIK **10**

Possessiva pronomen talar om vem som äger eller har något och de kan du förstås!

Om jag äger en häst blir det min häst, om jag äger ett hus blir det mitt hus och om jag har två bilar är det mina bilar.
du ⇨ (en) din, (ett) ditt, (plural) dina
hon ⇨ (en, ett, plural) hennes
han ⇨ (en, ett, plural) hans
vi ⇨ (en) vår, (ett) vårt, (plural) våra
ni ⇨ (en) er, (ett) ert, (plural) era
de ⇨ (en, ett, plural) deras

reflexiva possessiva pronomen
I tredje person, singular och plural, behöver vi ett extra possessivt pronomen. På svenska skiljer vi nämligen på ett possessivt pronomen och ett reflexivt possessivt pronomen.

Jag bär min väska. Du bär din ryggsäck. *Precis som vanligt, alltså!*
Hon bär sin resväska. Han bär sitt barn. *Här händer det!*
Vi älskar våra hundar. Ni besöker era grannar. *Ingen skillnad alls!*
De städar alla sina rum varje fredag. *Här händer det också!*

I de flesta fall, spelar det ingen roll om det är ett reflexivt pronomen som syftar tillbaka på subjektet. Det är bara i tredje person singular (hon & han) och i tredje person plural (de) som det händer något.

Vi håller oss till det här mönstret.
en-ord ⇨ sin ett-ord ⇨ sitt plural ⇨ sina

Tips! En mening kan aldrig börja med ett reflexivt possessivt pronomen, eftersom det då inte finns något subjekt att syfta tillbaka på.

Det tar inte lång tid, så är hon där. Svenljunga är ett litet samhälle och det går inte att cykla omkring så länge utan att komma fram. I vanliga fall, brukar Jenny tycka att det är praktiskt, men idag hade hon gärna funderat lite till på vad hon ska säga. Alldeles för snabbt står hon på familjen Stolts mönstrade dörrmatta och fingret darrar när hon ringer på. Signalen hörs ut till henne och låter som en hel symfoni av kyrkklockor och fast hon är nervös, blir hon full i skratt. ”Vilken bra ringsignal för en prästfamilj” hinner hon tänka innan dörren går upp. Det är Mechthild som öppnar dörren. Hon känner genast igen Jenny. ”Men Jenny, så roligt!” utbrister hon och på r-ljudet hörs det med en gång att hon inte kommer från Sverige. ”Kom in, vill du ha kaffe? Eller dricker du te, kanske? Jag har inte hunnit baka kanelbullar denna veckan men

ORDFÖRRÅD 11

Kroppsdelar

Sätt in rätt kroppsdel vid pilarna.

ett hjärta / ett huvud / en mage / ett öra / ett öga / ett knä / ett lår / en panna / en armbåge / en hand / en handled

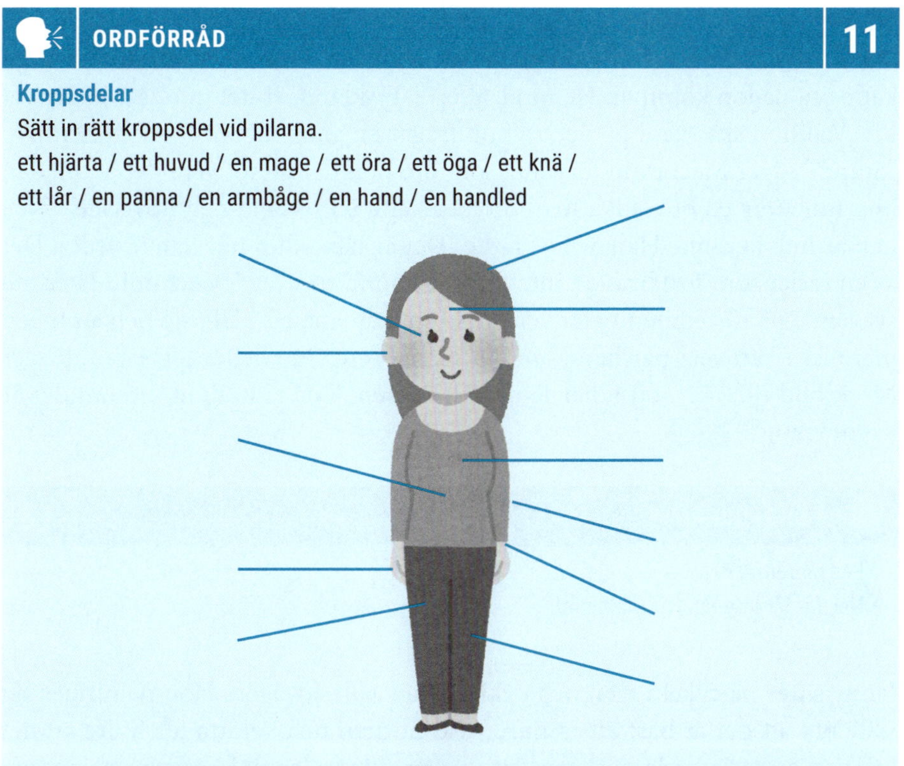

FAKTA 12

Om du letar efter en person, som du vet namnet på och kanske också vilken stad hen bor i, är det lätt att få upplysningar. På sajten https://www.hitta.se får du bland annat reda på var personen bor, om någon mer bor på samma adress, födelsedagar, namnsdagar, hur stort huset är och deras mobilnummer.

jag tror nog att jag har några småkakor i frysen. Vänta här, sätt dig bara så ska jag fixa!" Mechthild föser in Jenny i köket samtidigt som hon pratar som ett vattenfall. Jenny vill inte vara oartig, men hon vill inte fika med prästens fru. Hon vill snabbt prata med Sture och berätta det där om nyckeln. "Eh ... Mechthild, är Sture hemma?" försöker hon. Mechthild öppnar dörren till frysskåpet och letar efter kakor i lådorna.

Mechthild stannar upp, smäller igen dörren och ser lite besviken ut. "Men oj! Du vill prata med Sture! Du kommer ju förstås inte bara hem till mig på elvakaffe. Förlåt! Det var dumt av mig att tro det." Mechthild ser obekväm ut. Jenny ser att hon till och med rodnar lite. ”Jag blir liksom aldrig klok på hur man ska göra i Sverige. Det verkar som om man alltid måste bjuda på kaffe om någon kommer. Hemma, alltså i Tyskland, är det inte så!” Jenny vet inte vad hon ska svara på det, så hon frågar en gång till om Sture är hemma. ”Sture?” säger Mechthild förvånat som om hon har glömt vem det är, medan hon funderar på hur olika man dricker kaffe i Tyskland och i Sverige. ”Nej, han är inte hemma. Han är hos fåren. Det är han alltid när han är ledig. Det är en tacka som fortfarande inte fått sitt lamm, tror jag.” Mechthild låter lite svävande på rösten. Jenny får veta att Sture har sina får i Ullasjö och att ingen människa kan veta när han kommer hem. ”Inte Gud heller förresten” lägger Mechthild till, när hon följer Jenny till dörren. ”Men åk du ut dit, om det är något viktigt.” → 13

ORDFÖRRÅD 13

- Far, får får får?
- Nej, får får inte får. Får får lamm!

Jenny sitter på cykeln igen och cyklar längs Ullasjövägen. Hon påminner sig själv om att det är bäst att ta tjuren vid hornen och berätta för Sture att det var hon som slarvade bort nyckeln. Solen skiner. Jenny blir varm på ryggen och fast hon inte vill det, så blir hon på gott humör igen. Det går inte riktigt att vara ledsen och orolig när solen skiner och det luktar gott av gräs. Efter en halvtimme kommer hon fram till hagen där Sture har sina får. Jenny undrar om det är stämmer. Hon ser varken något får eller någon präst i hagen. Hon lutar cykeln mot ett träd, klättrar över staketet och går genom hagen. Hon ser sig omkring, men ser fortfarande ingen, varken djur eller människa. → 14

ORDFÖRRÅD 14

Ordspråk med djur

1 Ta tjuren vid hornen
2 Alla känner apan, apan känner ingen
3 Det är ingen ko på isen
4 From som ett lamm
5 Ulv i fårakläder
6 I de lugnaste vatten, simmar de fulaste fiskarna

Kombinera med rätt betydelse!

a Ta i tu med något som känns obehagligt
b Ingen fara!
c Där man tror att det inte är någon fara, kan det bli obehagligt.
d Alla vet vem du är, men du vet inte vem alla är
e Ser harmlös ut, men är riktigt farlig
f Kan inte göra någon något illa

Efter en stund hör hon några får, långt borta i hagen. De är bakom ett par träd i närheten av ett vindskydd. När hon kommer närmare ser hon också någon på två ben, böja sig ner över ett av fåren och hon hör hur han ropar. ”Fint lilla gumman, fint!” Nu är hon helt säker på att det är Sture. Hon känner igen hans basröst från predikningar och sångstunder. ”Snart kommer lammungen, snart, snart, snart!” Jenny blir nyfiken och kommer närmare. Sture ser inget annat än fåret. Jenny ser att han är mycket koncentrerad. Han har handen, eller rättare sagt hela högerarmen, inne i fåret. Jenny antar att något gått fel och att han försöker dra ut lammet. Det ser lite äckligt ut, men samtidigt blir hon fascinerad. Hon harklar sig försiktigt för att inte störa varken Sture eller fåret. Sture tittar yrvaket upp, får syn på Jenny och hans bekymrade min byts snabbt ut till en glad. ”Nej, men så bra att du kom just nu!” ropar han entusiastiskt. ”Ta tag i fårets huvud, så kan jag försöka dra ut lammet. Hon har fött ett fint lamm, men det är ett till på gång och det verkar som om hon inte orkar mer. Nu kan vi hjälpa henne och med Guds försyn, ska du se att det går bra!” Det är svårt att veta vem Sture försöker lugna ner, fåret, Jenny eller sig själv. Kanske alla tre?

Jenny gör som Sture sagt och håller fast fårets huvud mellan sina ben. Sture arbetar och svetten rinner. Hela tiden pratar han lugnande med fåret, Jenny och sig själv. Jenny tycker att det känns som en evighet, men plötsligt ligger det lilla nyfödda lammet på marken och hon kan släppa tackans huvud. Sture ser mer ut som en slaktare än en präst. Han har blod på armen och på jeansen, men han är glad. ”Ja, det här kallar jag att ta hand om sina fårahjord” säger han och går mot fårens vattenkar för att tvätta av sig. ”Undrar om inte jag tog fel, som blev kyrkoherde istället för fåraherde!” Jenny skrattar, tar mod till sig och börjar. ”Jo, Sture, det var en sak jag måste berätta …” Och så berättar hon hela historien om nyckeln, om Ella som var sjuk och innan hon vet ordet av berättar hon också om Jonas, musikprovet och om Mickes svartsjuka och hans utbrott i går kväll. Sture säger ingenting, men hummar och nickar på rätt ställen.

Han klappar sina får, kollar att de båda nyfödda lammungarna mår bra och går runt i hagen. Jenny travar efter, som ett av fåren, och berättar och berättar. När hon äntligen är klar, vänder sig Sture mot henne och säger med sin varma bas. ”Det ordnar sig. Både med det ena och det andra. Med det jordiska och det himmelska. Oroa dig inte. Idag har vi räddat livet på två lammungar och en fårtacka. Är inte det tillräckligt för en vanlig lördag i maj?” Jenny ler och försöker igen. ”Men den där nyckeln …”. Sture ser förvånat på henne. ”Nyckel? Titta nu så fint den här lilla lammungen andas!” Då förstår hon att han inte hört någonting av vad hon berättat, utan bara gick omkring och tog hand om sina får.

Sture kan inte tänka på något annat än sina får just nu. Det är ingen idé att att hon försöker prata om den försvunna nyckel eller om någonting annat överhuvudtaget. Det finns ingenting i hela världen som kan vara mer intressant än får och lamm för honom. → 15

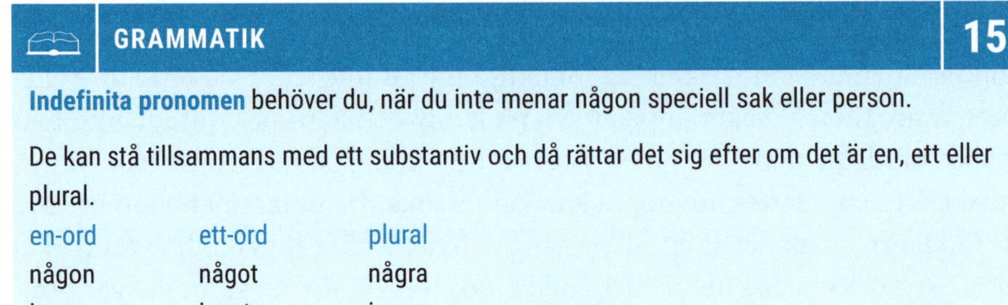

GRAMMATIK 15

Indefinita pronomen behöver du, när du inte menar någon speciell sak eller person.

De kan stå tillsammans med ett substantiv och då rättar det sig efter om det är en, ett eller plural.

en-ord	ett-ord	plural
någon	något	några
ingen	inget	inga

Exempel:

Har Jenny någon nyckel till kyrkan? Nej, hon har ingen nyckel.
Har Mechthild något lamm? Nej, hon har inget lamm.
Har Micke några känslor för Jenny? Nej, han har nog inga känslor längre.

De indefinita pronomena kan också stå ensamma, utan substantiv. Då delar vi upp dem i om det handlar om personer eller om saker.

person	plural*	sak
någon	några	något = någonting
ingen	inga	inget = ingenting

Exempel:

Är det någon i kyrkan? Nej, det är ingen där.
Har några följt med Sture till hagen? Nej, inga har följt med honom dit.
Har Mechthild något att bjuda på? Nej, hon har tyvärr inget.
Vill du ha någonting att äta? Nej tack, jag är mätt. Jag behöver ingenting.

* gäller både för personer och saker

På något sätt känner sig Jenny lättad, fast hon egentligen inte löst något av sina tre problem. Hon vet fortfarande inte var nyckeln är, hon vet inte vad hon ska spela i skolan och hon har absolut inte övat. Och Micke? Honom har inte tänkt på på flera timmar! Det har hunnit bli eftermiddag och Jenny märker plötsligt att hon är riktigt hungrig. Hon funderar på om hon ska cykla hem och se om det finns lunch eller om hon ska handla något på ICA Kvantum och cykla på sjukbesök till Ella. Ella har säkert inte haft lust att laga mat, förresten har hon nog inte ens någon mat hemma. → 16

GRAMMATIK 16

Verb: presens perfekt

Presens perfekt är inte lika viktigt som preteritum på svenska, men kan ändå vara bra att kunna. Du väljer den formen när du pratar om något som är avslutat, men tidpunkten är okänd eller oviktig. Och när du berättar om något som är påbörjat, men inte avslutat!

Exempel på något som är avslutat, eller där tidpunkten inte spelar någon roll.
Har du ätit lammburgare?
Har du läst bibeln?

Exempel på något som är påbörjat men inte avslutat.
Jag har lärt mig svenska i ett år nu.
Mechthild har bott i Svenljunga i flera år.

De regelbundna verben är lätta!
Verbgrupp 1 behåller den sista bokstaven a och får ändelsen -t
– ex. arbetat, cyklat, tittat
Verbgrupp 2a och 2b får också ändelsen -t
– ex. hävt, ringt, hänt, lekt, åkt, läst (p, t, s, k & x spelar ingen roll här!)

Verbgrupp 3 får -tt
– ex. bott, mått, glott

De starka får ibland en annan vokal, men alltid -it som ändelse.
– ex. skrikit, ätit, druckit
De oregelbundna gör precis som de vill!
– ex. gått, varit, dött

Innan hon har bestämt sig, surrar hennes mobiltelefon i shortsfickan. När hon tittar på den ser hon att det är Micke som ringer. ”Nej, jag vill inte prata med honom”, tänker hon först, men svarar ändå. ”Du, vi måste ses”, säger han kort. ”Kom till mig. Nu.” Jenny hinner inte svara innan han avslutar samtalet. ”Det är väl lika bra att lösa problem tre först”, tänker Jenny och cyklar hem till Micke. → 17

 GRAMMATIK 17

Verb: imperativ

Imperativformen behöver du när du uppmanar något att göra något. Du behöver den ofta om du har småbarn hemma eller är chef på jobbet.

I verbgrupp 1, behåller du -a, i alla andra tar du bort -a från infinitiv, och så har du imperativformen.

Till småbarnen kan du säga.
Ät upp din mat! Sitt still! Borsta tänderna nu! Sov gott!
Till dina anställda kanske du säger.
Kom i tid på morgonen! Jobba effektivt! Ta inte för lång middagsrast!

Jenny behöver inte ens kliva av cykeln utanför Mickes hus. Han står redan där och väntar på henne. Idag verkar det inte som om han tänker krama henne. Jenny känner sig dum. Hon står grensle över cykeln och det är lite vingligt. Micke står ungefär en meter bort. Han fiskar upp en silverfärgad nyckel ur jeansens framficka och håller upp den i luften. ”Du vet vad det här är. Jag snodde den ur din ficka i torsdags när du hämtat den hos din orgel-kusin.” Jenny blir förvånad, men glad och sträcker ut handen mot Micke. Hon tror att han ska ge henne nyckeln. Micke tar ett steg bakåt och flinar. ”Nej, så billig är den inte. Du måste lova att sluta spela, byta musikkurs i skolan och aldrig mer prata om Jonas. Annars slänger jag nyckeln i ån!” Jenny blir jättearg, vänder klumpigt på cykeln och cyklar därifrån. Hon ropar. ”Glöm det! Aldrig att jag slutar spela! Aldrig!”

Hennes telefon ringer och hon är säker på att det är Micke. Hon stannar inte, hon bara cyklar. Hon cyklar snabbt och när hon kommer hem, slänger hon cykeln på grusgången. Hon springer in i huset, upp för trappan och in i badrummet. Hon sliter av sig kläderna och hoppar in i duschen. Hon duschar länge och det varma vattnet från duschen spolar bort svett, tårar och en del av ilskan hon känner mot Micke. När hon kliver ur duschen doftar hennes hud av olivtvålen, håret är blött och hon är inte arg längre, bara ledsen. Hon kryper in i sin mjuka frottebadrock, snurrar en handduk runt det blöta håret och går på nakna fötter ner i köket. Där sitter hennes snälla mamma med en kanna nybryggt te och några varma scones på ett fint fat. Det finns saltat smör, en god ost och två engelska marmelader också. → 18

Det känns lika skönt att prata med mamma som med Sture, tycker Jenny, men mamma lyssnar uppmärksamt. Hon nickar och frågar ibland, om hon inte förstår. Efter en stund sitter de tysta båda två, dricker det sista av teet och tänker efter. → 19

GRAMMATIK **18**

Adjektiv: obestämd / bestämd form

Adjektivet böjer du efter det substantiv eller pronomen du vill beskriva.

Obestämd form	bestämd form	
en god ost	hennes snälla mamma	(en ost, en mamma)
ett fint fat	det nybryggda teet	(ett fat, ett te)
två engelska marmelader	de varma sconesen	(plural!)

ORDFÖRRÅD **19**

Obs! En stund är *inte* en timme.
En timme är 60 minuter.
En stund kan vara lite olika lång, kanske bara en kvart.

”Jag tycker att vi tar paus nu”, säger mamma och stryker Jenny över håret. ”Sluta grubbla och så hittar vi en lösning imorgon. Nu vet du var nyckeln är. Om Micke kastar den i ån, så är det ingen som kan gå in i kyrkan och hitta på några dumheter. Och du vet att du inte var slarvig, det var han som tog den ur din ficka!”

Söndag

Klockan kvart över åtta piper Jennys mobil. det är ett meddelande från Ella. ”PANIK – jag kan inte spela idag. DU måste spela. Sture vet att du kommer. Senast nio! KRAM!”

Jenny flyger upp ur sängen, rusar ut i köket och dricker en halvliter mellanmjölk direkt ur paketet innan hon snabbt borstar tänderna, klär sig och skyndar ut till cykeln. Mamma kommer efter henne ut på trappan och undrar vad som har hänt. ”Ingen fara, mamma”, säger Jenny lugnande. ”Ella är forfarande sjuk och kan inte spela i gudstjänsten idag. Hon har sagt till Sture att jag kommer istället, men jag måste ju fråga vad han vill att jag ska spela. Jag kan ju inte spela lika bra som Ella och så jag måste ju försöka öva innan gudstjänsten börjar klockan elva.” → 20

FAKTA **20**

I Sverige är det vanligt att vuxna människor dricker mjölk till maten. Mjölk innehåller många viktiga näringsämnen, till exempel protein, kalcium och vitamin B2. I Sverige kan man inte odla året runt och förr kunde man inte importera grönsaker från andra länder. Då var mjölken mycket viktig! Mjölkprodukter är fortfarande omtyckta och man använder dem ofta i svensk matkultur.

Dörren till sakristian är redan öppen när Jenny kommer, men Sture syns inte till. Kyrkvaktmästaren Harry har precis låst upp och ska börja att sammanringa klockorna. Harry nickar uppmuntrande mot Jenny och säger ”Gå du upp på orgelläktaren du och spela lite. Sture brukar inte komma förrän kvart i elva under lammningstiden.” Jenny spärrar upp ögon och utropar ”Vad ska jag spela då? Jag är inte Ella, jag kan inte allt som hon kan!!” Harry nickar förstående och säger ”Det är inte så noga vad du spelar, huvudsaken är att inte Sture får prata för länge och att folk får lite annat att lyssna på. Ta något du kan. Det är bra om det är något som församlingen kan sjunga med i. Då blir alla glada och tycker att det var en fin gudstjänt. Upp på orgelläktaren med dig nu! Det finns tillräckligt med noter däruppe.” Han ger henne en klapp på axeln. ”Hej på er”, säger han till kyrkvärdarna. ”Vem är det som förbereder kyrkkaffet idag?” Harry har redan glömt Jenny. → 21

Jenny går upp på läktaren och sätter sig på orgelbänken. Hon bläddrar i notböckerna och funderar på vad hon ska spela. ”Tryggare kan ingen vara” var den första psalm hon lärde sig. ”Den kan nog alla”, tänker hon och skriver ner 248 på en papperslapp. Hon skriver också 300 och lite tveksamt 200. Sedan spelar hon koncentrerat igenom alla psalmerna. När hon spelar för andra gången kommer Harry upp till henne. ”Jag tänkte fråga vilka psalmnummer jag ska sätta upp på tavlan, men jag tror att jag redan vet. 248, 300 och 200. Bra jobbat! Inget komplicerat och alla kan sjunga med!” → 22

Jenny sitter på orgelbänken och är lite nervös. Hon hör att kyrkan fylls med folk och hoppas att Sture har kommit i tid. När klockringningen börjar, vet hon att hon strax ska spela. Vad hon inte vet, är att både Jonas och Micke sitter nere i kyrkan …

 FAKTA **21**

Under åren 1536 till 2000 var den evangeliska-lutherska folkkyrkan en statskyrka i Sverige. Svenska kyrkan är fortfarande den största kyrkan i Sverige och knappt 60 % av befolkningen är medlemmar. Det finns inte så många katoliker i Sverige. Den katolska kyrkan har lite mer än 100 000 medlemmar.

 FAKTA **22**

Den nya svenska psalmboken kom 1986. Psalmerna som Jenny spelar är

248 *Tryggare kan ingen vara* – klassisk psalm för barndop och begravningar, av Lina Sandell, runt år 1850

300 *O hur saligt att få vandra* – en pilgrimssång från 1876 av Joel Blomqvist och Per Ollén.

200 *I denna ljuva sommartid* – en tysk psalm av Paul Gerhardt från 1653. Den är en av svenskarnas mest älskade sommarpsalmer. Den sjunger skoleleverna ofta på skolavslutningen innan sommarlovet.

Jenny spelar, församlingen sjunger glatt och Sture håller en av kyrkohistoriens kortaste predikningar. Han pratar om att vara kyrkoherde är som att vara fåraherde, om att varje nyfött lamm är ett Guds under. Jenny tycker att hon känner igen allt från när de var i hagen igår. Hon ler och tänker att Sture nog har jeansen med blod på under prästkläderna. Han kommer säkert inte på kyrkkaffet idag, utan hänger av sig prästkläderna så fort han kan och åker till sina får istället.

Efter att sagt hej då till Harry och kyrkvärdarna, går hon ut ur kyrkan. Hon tackade nej till kyrkkaffet. Hon tänker gå till Ella istället. Utanför kyrkan hör hon röster som grälar. När hon kommer ut ser hon att det är Jonas och Micke som skriker på varandra. Hon hinner inte höra vad de skriker, innan Micke flyger på Jonas. Jonas ramlar omkull, men är snabbt uppe igen. Slagsmålet är i full fart och nu är det Jenny som skriker. ”SLUTA!” Innan Harry kommer och skiljer Jonas och Micke åt, ramlar kyrknyckeln ur Mickes ficka och studsar på marken. Jenny böjer sig ner och plockar snabbt upp den.

Harry håller Jonas arm i ena handen och Mickes i den andra. "Är ni helt tokiga?!" Jonas ser mest förvirrad ut, men Micke säger "förlåt" till Harry och går fram till Jenny. Jenny tar ett steg bakåt. Hon ser rädd ut. "Förlåt, Jenny", säger han. "Jag vet att jag var dum. Här får du tillbaka nyckeln." Han stoppar handen i fickan - men fickan är tom!

Han blir blek och ser sig omkring. Jenny håller upp nyckeln och säger. "Den har jag redan! Gå hem nu." Konstigt nog gör Micke det. Han vänder och går.

Jonas har fortfarande inte riktigt fattat vad som hänt, men han ropar till Jenny. "Vilken uppvisning! Du behöver inte spela imorgon, den här spelningen var så bra att jag kan betygsätta den istället."

Jenny går sakta från kyrkan ner till ån. Hon följer stigen till Protus Gränd, på väg hem till Ella. "Så löste jag mina tre problem på en gång", tänker hon. "Nyckeln är inte borta längre och jag kan strax hänga upp den på kroken i Ellas hall. Jag behöver inte fundera på vad jag ska spela imorgon, för det jag spelade idag räknas. Och Micke, honom behöver jag heller inte tänka på. Han har gått hem och han kommer inte tillbaka."

GLOSLISTA

skvallra, -r, -de, -t	klatschen, petzen
en lugg, -ar	Pony
ett betyg, -	Note
en tygpås/e, -ar	Stoffbeutel
en hägg, -ar	Traubenkirche
en blomklas/e, -ar	Rispe, Blütenstand
förväntansfull	erwartungsvoll
en myskväll, -ar	gemütlicher Abend
konstig	seltsam
skräm/ma, -mer, -de, -t	erschrecken
muttra, -r, -de, -t	brummen
bråka, -r, -de, -t	streiten
vrid/a sig, -er, vred, -it	sich hin und her wälzen
häv/a, -er, -de, -t	heben, werfen, aufheben, rückgängig machen
skvätt/a, -er, -e, -	spritzen
lita på, -r, -de, -t	vertrauen
outtalad	unausgesprochen
sug/a till, -er, sög, -it	ziehen, saugen
kräk/a, -er, -de, -t	kotzen, spucken
slarva bort, -r, -de, -t	verschleudern
bulta, -r, -de, -t	klopfen
ett dop, -	Taufe
långsmal	länglich
ett församlingshem, -	Gemeindehaus
ett myggbett, -	Mückenstich
en prästgård, -ar	Pfarrhaus
en dörrmatta, -or	Fußabtreter
en småkaka, -or	Plätzchen, Kleingebäck
fös/a in, -er, -te, -t	hineintreiben
fika, -r, -de, -t	Kaffee trinken
ett frysskåp, -	Gefrierschrank
rodna, -r, -de, -t	erröten, rot werden
en tacka, -or	Mutterschaf
en hag/e, -ar	Weide, Koppel
yrvaken	schlaftrunken, verschlafen
en fårahjord, -ar	Schafsherde
ett vattenkar, -	Wasserbottich
kliv/a av, -er, klev, -it	absteigen
grensle	rittlings
en grusgång, -ar	Kiesweg
(en) ilska	Wut
skynda, -r, -de, -t	beeilen
en kyrkvaktmästare, -	Hausmeister in der Kirche
en orgelläktare, -	Empore
gräla, -r, -de, -t	zanken
ramla omkull, -r, -de, -t	umfallen
ett slagsmål, -	Schlägerei
plocka upp, -r, -de, -t	aufheben

Diskussionsfrågor

1. Vad betyder det att Jenny inte är så bra i skolan?
2. Ge exempel på hur Micke visar att han är svartsjuk! Vad tycker du själv om svartsjuka?
3. Varför sover Jenny dåligt natten mellan fredag och lördag? Samla dina bästa tips för en god nattsömn!
4. När Jenny letar efter Sture går hon till församlingshemmet. Vad är det för ett ställe? Jenny träffar en kvinna som förbereder ett dop. Vad tror du mer att man kan fira eller göra i ett församlingshem?
5. Vad får du veta om prästens fru Mechthild? Beskriv henne!
6. Berätta med egna ord vad som händer i fårahagen!
7. Varför tror du att Micke inte ger tillbaka nyckeln till Jenny? Förklara varför du tycker att han gör rätt eller fel!
8. Varför går Jenny upp tidigt på söndagmorgonen?
9. Vad är en kyrkvärd? Vilka uppgifter har en kyrkvärd? Skulle du vilja vara kyrkvärd? Varför / varför inte?
10. Beskriv vad som händer på kyrkbacken efter gudstjänsten!

MARSTRAND: Gubben och grabbhalvan

Bengt, 83, vresig gubbe, som vill vara i fred
Inger, 66, Bengts nyfikna granne
Sixten, 15, skolkande tonåring, Bengts barnbarn
Jeanette, 51, Sixtens upptagna mamma, Bengts enda dotter

PERSONER

Den vresige gubben Bengt har ingen lust att träffa folk längre och han avskyr att få besök. Han vill helst inte lämna sin ö, Marstrand. En dag kommer hans barnbarn Sixten till ön och ber sin morfar om att få stanna.

Bengt vaknar av blåsten. Vinden är stark och det knäpper och knakar i huset. Han ligger kvar i sängen och känner efter hur han mår. Det gör han varje morgon innan han går upp. Han har ont i vänster knä och höft, precis som vanligt. Ryggen är stel men huvudet hänger med idag också. Klockan är kvart i sju och Bengt börjar bli kaffesugen, så han sätter sig upp på sängkanten. Han blir alltid yr i huvudet, så han sitter där en stund och väntar på att det slutar snurra innan han reser sig upp. Han har fortfarande på sig sin randiga pyjamas när han hasar ut på toaletten. Han ser sig själv i spegeln och säger högt: ”God morgon, gubbe!”

I köket kokar han kaffe och sätter på radion för att lyssna på morgonekot. Det är nyheterna på radiokanalen P1. Han är mest intresserad av väderleksrapporten. Idag ska det fortsätta att blåsa hela dagen. På västkusten, där Bengts lilla ö Marstrand ligger, är det tydligen långt kvar till våren. "Mars är verkligen en kall månad i år", tänker Bengt. → 1

GEOGRAFI 1

Ön Marstrand ligger på västkusten, knappt fem mil norr om Göteborg. Ön har 387 året-runt-invånare men på sommaren är de många, många fler. Ön är ett paradis för seglare och det brukar vara många båtar i hamnen på sommaren.

Klockan tjugo över åtta har Bengt druckit två koppar kaffe, ätit havregrynsgröt med äppelmos och lyssnat på väderleksrapporten på radion en gång till. Det kommer inte att sluta blåsa på hela dagen. Han bestämmer sig för att inte gå ut alls. En konservburk ärtsoppa, som han har i skafferiet, blir en bra lunch och till middag tänker han koka risgrynsgröt. "Det här blir en bra dag", hinner Bengt tänka innan det ringer på dörren. Bengt har fortfarande pyjamas på sig och vill inte öppna dörren. Men personen utanför hans dörr har limmat fast pekfingret på ringklockan. Det ringer och ringer. → 2

ORDFÖRRÅD 2

Vet du vad fingrarna heter?
Från vänster till höger: en tumme – ett pekfinger – ett långfinger – ett ringfinger – ett lillfinger

Kan du placera de här handorden på bilden?

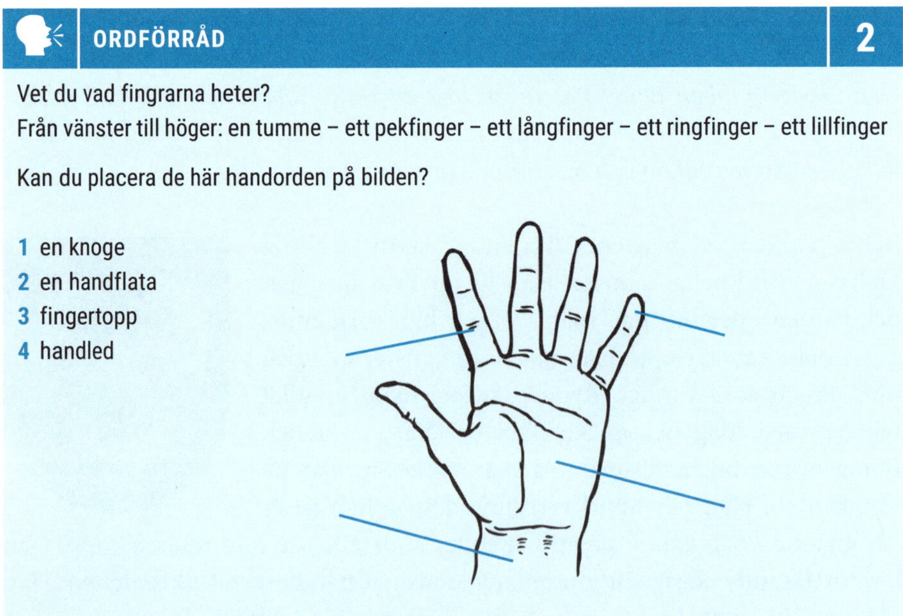

1 en knoge
2 en handflata
3 fingertopp
4 handled

Bengt håller för öronen och hoppas att det snart slutar. Det gör det. Då hör Bengt hur det slamrar i brevinkastet. "BENGT?!" skriker en röst genom springan i dörren. "Är allt bra med dig, Bengt?! Hör du mig?!!" Jodå, han hör Ingers röst. Inger är grannen i lägenheten bredvid och sedan hon gick i pension förra året, tror hon att hon måste ta hand om Bengt. Hon tittar ofta in och vill höra hur han mår, om han behöver något eller om han har några skjortor som hon kan stryka. Bengt mår för det mesta likadant och när han behöver något går han till "Handlarn" på Hamngatan och handlar. Det gör han nästan varje dag och det är en lagom promenad från lägenheten på Långgatan. Det var länge sedan han brydde sig om ifall hans skjortor var strukna.

Han gillar inte hennes besök men vet att hon inte kommer att sluta, så det är lika bra att svara. Bengt går ut i hallen och ser Ingers fingrar som sticker in genom brevinkastet. "Gå hem, kärring!" muttrar han vresigt. "Bengt?!" Ingers röst går upp en oktav och fingrarna försvinner ur brevinkastet. "Öppna, snälla, så jag får se hur det är med dig!" Men det tänker Bengt absolut inte göra. "Men gå nu då!" säger han fortfarande vresigt men lite högre. Inger bankar på dörren och ropar igen "Öppna, Bengt, öppna!" Hon tror kanske att han inte förstår vad hon vill, men det gör han. Hon däremot verkar inte förstå vad han vill: bara vara ifred. Bengt funderar på vad han ska göra nu. Öppna och riskera att få in Inger i köket? Eller låta bli att öppna men då går Inger in till sig och ringer Bengts dotter Jeanette i Kungälv. Och då kommer hon farandes … Nej, det har Bengt ännu mindre lust med.

Han suckar, låser upp dörren, sträcker lite på ryggen och försöker se myndig ut. Det är svårt att se myndig ut i pyjamas, men han försöker. När han öppnar dörren, slinker Inger in i lägenheten. Hon tittar noga på Bengt. Han sträcker lite till på ryggen och blänger ilsket, men säger inget. "Mår du bra, Bengt lille?" säger Inger. Hennes röst låter som om hon pratade till en hundvalp, tycker Bengt. "Ja", säger han kort. "Det är bra. Gå hem nu." Men det gör hon inte. Hon går objuden in i köket, drar ut en stol och sätter sig ner. "Om hon tror att jag ska bjuda på kaffe, har hon fel", tänker Bengt. Plötsligt ser han det lilla köket så som Inger måste se det. Disken från igår i diskhon, en kladdig kaffekopp, en smutsig gröttallrik och en odiskad gryta. Köksfönstret är strimmigt av salt och det knastrar under fötterna. Det var ganska länge sedan han dammsög. → 3

Inger sitter vid köksbordet, men Bengt står kvar i köksdörren. "Hon ska inte tro att hon är välkommen", tänker Bengt "eller att jag har lust att prata med henne." Inger behöver ingen uppmuntran, hon pratar på ändå. Hon pratar om blåsten, om sina söner i Stockholm och frågar om han har ätit några semlor än. → 4

GRAMMATIK **3**

Övning: Adjektiv, bestämd och obestämd form

Repetition

Sätt in adjektivet i rätt form i meningen!

1. Den ____________ lägenheten är ganska ____________. (liten / dammig).
2. Bengts ____________ pyjamas är åtminstone ____________. (randig / ren)
3. Grytan och kaffekoppen är ____________. (smutsig)
4. Fötterna är ____________, men golvet är ____________. (ren / smutsig)
5. Ingers röst är ____________ och hennes ögon är ____________, tycker Bengt. (gäll / nyfiken)
6. Bengts ____________ dotter bor i Kungälv med sin son Sixten. (upptagen)

FAKTA **4**

Semlor, som också kallas fettisdagsbullar eller fastlagsbullar, är en vetebulle fylld med mandelmassa och grädde.

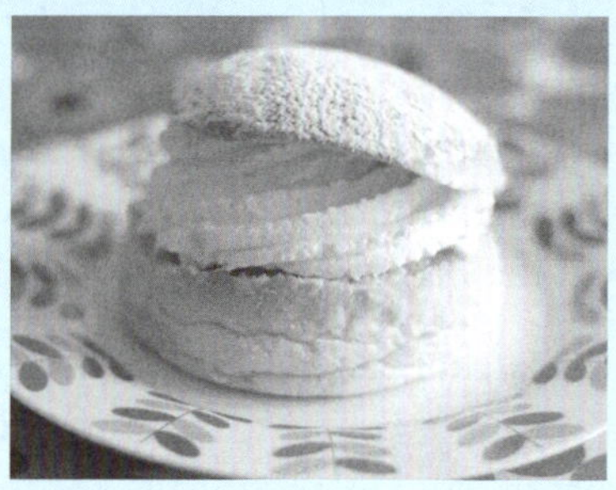

Förr var det bara på fettisdagen, dagen innan askonsdagen då fastan började, som man åt semlor. Nu för tiden brukar semlorna dyka upp på konditorierna redan efter jul och finnas kvar där fram till påsk.

Efter en kvart har Bengt inte svarat en enda gång och då verkar hon tröttna på att prata med sig själv. Inger går äntligen hem. Bengt är trött efter besöket, så han går och lägger sig igen. Han har fortfarande pyjamas på sig och kryper in under täcket i sängen och somnar direkt.

När han vaknar nästa gång är klockan redan elva! Den här gången glömmer han bort att sätta sig på sängkanten, utan reser sig upp alldeles för snabbt och vinglar till. Han tar tag i dörrkarmen och står stilla en stund tills han har fått tillbaka balansen. Då upptäcker han att han fortfarande har pyjamasen på sig.

Han går tillbaka in i sovrummet och tar fram rena kalsonger, en undertröja och strumpor ur garderoben. Byxorna från igår ligger på en pall vid fönstret. Han tittar noga på skjortan som också ligger på pallen. Han ser att skjortan har en kaffefläck, så då tar han en ren skjorta också. → 5

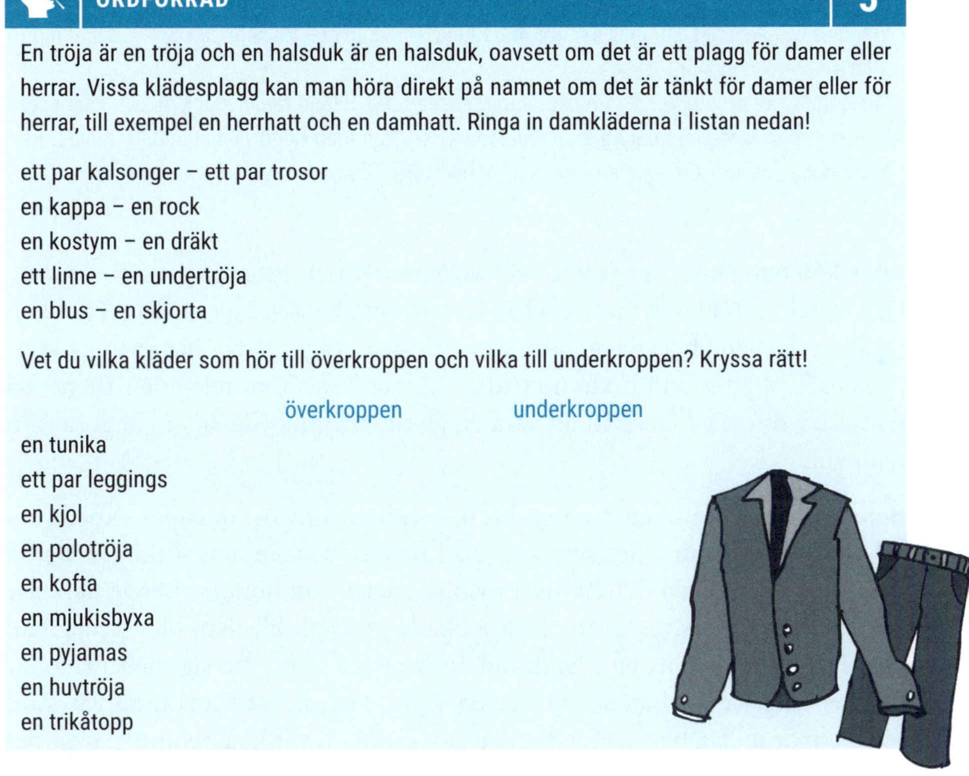

ORDFÖRRÅD 5

En tröja är en tröja och en halsduk är en halsduk, oavsett om det är ett plagg för damer eller herrar. Vissa klädesplagg kan man höra direkt på namnet om det är tänkt för damer eller för herrar, till exempel en herrhatt och en damhatt. Ringa in damkläderna i listan nedan!

ett par kalsonger – ett par trosor
en kappa – en rock
en kostym – en dräkt
ett linne – en undertröja
en blus – en skjorta

Vet du vilka kläder som hör till överkroppen och vilka till underkroppen? Kryssa rätt!

	överkroppen	underkroppen
en tunika		
ett par leggings		
en kjol		
en polotröja		
en kofta		
en mjukisbyxa		
en pyjamas		
en huvtröja		
en trikåtopp		

När Bengt är påklädd, går han ut i köket. Han är lite hungrig, så han bestämmer sig för att äta lunch direkt, även om det egentligen är för tidigt. Han brukar äta lunch vid tolv-tiden, precis som förr då han jobbade på banken. ”Jag kan ju ta ett mellanmål i eftermiddag”, tänker han, ”om jag blir hungrig innan kvällen.” Bengt öppnar burken med ärtsoppa och fläsk och häller den tjocka, gula soppan i en gryta. Medan soppan blir varm på spisen, tar han fram knäckebröd och extrasaltat smör. En rejäl klick senap i soppan smakar gott, tycker Bengt. Han dricker ett glas mjölk till lunchen. → 6

 **FAKTA** **6**

Frukost Många äter fil och müsli innan de går hemifrån på morgonen.
Lunch De flesta äter lunch på jobbet, antingen dagens rätt på någon restaurang i närheten, i personalmatsalen eller så har de med sig en matlåda med rester som de värmer i micron. Barnen äter tillsammans på dagis och i skolan.
Middag eller kvällsmat Det är vanligt att man lagar varm mat, alltså middag, på kvällen. Då äter hela familjen tillsammans när alla är hemma. Om man äter mackor på kvällen, säger man att man äter kvällsmat.
Mellanmål eftersom lunchen brukar vara ganska tidig, ibland redan klockan elva eller halv tolv, kan man hinna bli hungrig innan middagen. Då kan man ta ett mellanmål (= mellis) på eftermiddagen. Det kan vara en frukt, en yoghurt eller kanske en macka.

Efter lunchen sitter Bengt kvar vid köksbordet och tittar ut genom fönstret. Det regnar och blåser. Han är glad att han inte behöver gå ut idag. Han kan sitta i sin läsfåtölj hela dagen och läsa. Eftersom Inger redan har varit på kontrollbesök slipper han prata mer idag, tänker han. ”Om telefonen ringer, så svarar jag inte. Det är skönt att vara en gammal gubbe, då kan man göra som man vill!”

Bengt sitter i läsfåtöljen med en karta och läser om Amundsens expedition till Nordpolen. Han följer sträckan med fingret, så som han alltid gör. Bengt beundrar Amundsen och har läst många böcker om honom. Bengt själv har aldrig varit någon äventyrare. Han jobbade på bank tills han blev pensionär. Och fast han har bott på Marstrand ända sedan han gifte sig med Erna när han var ung, så har han aldrig lärt sig segla. Men Erna! Hans Erna var född på ön, hade aldrig bott någon annanstans och hon var lika hemma på vattnet som på land.

När de träffades på Societetshuset på Marstrand en sommarkväll i början på 60-talet, blev Bengt förälskad direkt. Hennes skratt, hennes glittrande ögon och hennes retsamma men hjärtliga sätt, fick honom att längta till nästa danskväll på Societetshuset. De sågs ofta den sommaren. När de blev ett par, förstod Bengt, att det aldrig skulle gå att få Erna att flytta in till honom i Göteborg. Hon skulle bli olycklig om hon inte fick känna havets vindar om näsan! Och hur skulle det då gå med skrattet och glittret, hade Bengt tänkt. Så han packade ihop möblerna från det lilla hyresrummet i Masthugget och flyttade ut till ön. Efter bröllopet flyttade de in i Ernas farföräldrars hus. Det lilla vita huset med gröna fönsterkarmar hade stått tomt efter att Ernas farmor dött året innan. → 7

ORDFÖRRÅD 7

Kan du de här orden om kärlek?

en kärlek att vara kär att bli förälskad ett bröllop att gifta sig att älska

Sätt in dem på rätt ställe i meningarna! OBS tänk på att använda preteritum av verben.

1. Bengt och Erna ____________ på Marstrand.
2. De firade sitt ____________ i Societetshuset.
3. Erna var Bengts stora ____________.
4. Han ____________ henne mer och mer för varje år.
5. Han tänkte ofta tillbaka på när han ____________ i henne.
6. Det var härligt, när han förstod att Erna ____________ i honom också!

Bengt har slutat att läsa. Han drömmer sig bort och tänker på den första tiden med Erna på ön. De var nygifta och de var så lyckliga! När dottern Jeanette föddes hade han trott att lyckan skulle vara för alltid. Han hade inte tänkt sig att han skulle bli ensam kvar till slut. Erna var så glad och full av liv, inte skulle hon kunna dö ifrån honom? Det hade han inte kunnat tänka sig, men det hade hon ändå gjort. Även om det nu var nästan fyra år sedan Erna dog, hände det ibland att han vaknade på morgonen och saknade att höra henne koka kaffe i köket. I början när han var ensam, kom Jeanette ofta tillsammans med sonen Sixten, men sedan fick hon ett bättre jobb och hade inte längre tid att komma ut till ön. Och när Sixten blev äldre ville han hellre hänga med kompisarna hemma i Kungälv än att åka ut till morfar. Nu kommer de sällan och aldrig utan att de ringer innan och frågar om han är hemma. "Jag är hemma", brukar Bengt svara på sitt vresiga sätt, "var skulle jag annars vara?" → 8

GRAMMATIK 8

Tidsadverb säger något om tiden och svarar på frågorna När? Hur ofta? och Hur länge?

De här tidsadverben säger något om frekvensen, från 100 % av tiden till 0 %.

alltid ofta ibland sällan aldrig

Svara på frågorna med "frekvensorden"!

1. Hur ofta knackar Inger på hos Bengt?
2. Hur ofta går Bengt till "Handlarn"?
3. Hur ofta går Bengt till jobbet på banken, nuförtiden?
4. Hur ofta äter Bengt risgrynsgröt till kvällsmat?
5. Hur ofta kommer Jeanette på besök?

Bengt har helt glömt bort Amundsen. Kartan och boken har glidit ner på golvet. Han har slumrat till i fåtöljen och rycker till när det ringer på dörren. Bengt blir jättearg! ”Den där kärringen. Nu igen!!” Han tror att det är Inger som kommer för andra gången på en dag. Det är illa nog att hon kommer en gång om dagen, två gånger är verkligen mer än vad han kan stå ut med! Nu ska hon få veta att hon lever!

Bengt öppnar dörren och ska just skrika att hon ska gå hem, kärringen. Men innan han hinner börja skrika, ser han att det inte är Inger som står där. Det är en ung man med basebollkeps och en stor väska. Pojken har huvudet nedböjt och Bengt ser bara den svarta skärmen och ett märke som han inte vet vad det betyder. Antagligen är det en klubbsymbol, hinner Bengt tänka, innan pojken lyfter upp huvudet och ser honom i ögonen. ”Hej morfar”, säger han tveksamt och lyfter upp väskan. ”Får jag komma in?”. Bengt går åt sidan och släpper in Sixten, för det måste ju vara Sixten, fler barnbarn har han inte.

Sixten går in i vardagsrummet, släpper väskan på golvet och sätter sig tveksamt på soffan. Bengt vet inte vad han ska säga. Han väntar på att Sixten ska börja prata. Men han är tyst. Han bara sitter på soffkanten och tittar på sin väska. Efter en stund säger Bengt: ”Är du hungrig, pojkvasker? Vill du ha lite ärtsoppa?” Sixten nickar. ”Ja tack, morfar. Jag är faktiskt jättehungrig.” Bengt ler och tänker: ”Han har i alla fall inte blivit stum, grabbhalvan”.

Bengt öser upp resterna av ärtsoppan i en djup tallrik. Det är inte mycket kvar, så han gör två limpsmörgåsar med ost också. Han häller upp ett glas mjölk och ställer allt på en bricka, som han bär in i vardagsrummet. Sixten sitter kvar på soffan. Han ser förvirrad och olycklig ut, tycker Bengt. Han ställer brickan på soffbordet framför Sixten och gör en gest med handen som betyder ”varsågod, ät nu!” → 9

Sixten äter upp allt. De sista smulorna tar han med pekfingret och stoppar in i munnen. ”Får jag pannkakor nu, morfar?” säger han och ler lite. ”Mormor sa alltid att det blir inga pannkakor innan du har ätit upp soppan. Kommer du ihåg det?” Bengt nickar. ”Jag kan inte göra lika goda pannkakor som mormor, så jag brukar ta en macka istället.” Sixten skiner upp. ”Men jag är bra på pannkakor, morfar! Det har jag lärt mig på hemkunskapen i skolan. Ska jag göra pannkakor till oss?” Bengt nickar igen och Sixten verkar ha piggnat till av soppan, värmen och tanken på pannkakor. De går ut i köket och Bengt ställer fram mjöl, mjölk, smör, ägg och salt på arbetsbänken. Under tiden letar Sixten upp en visp, ett decilitermått och en stor bunke. Bengt tar fram stekpannan och stekspaden. Sedan sätter han sig vid bordet och ser på när Sixten steker pannkakor. Bengt är imponerad av hur lätt det ser ut och att Sixten verkar veta precis hur länge de ska stekas på varje sida. → 10

FAKTA 9

Ärtsoppa är en traditonell maträtt för torsdagar under månaderna med R, alltså från september till april. När Sverige var ett katolskt land, var fredagar den dag man fastade, alltså var det bra att äta något ordentligt på torsdagarna.

Under 1800-talet tog studenterna upp denna gamla tradition och det var förmodligen de som lade till pannkakorna som traditonell efterrätt.

GRAMMATIK 10

Verb: passiv

Passivform på svenska är lätt som en plätt! I presens är det bara att sätta ett -s på verbets stam, så är det klart!

Passivform	Aktivform	verbgrupp
Bengt kontrolleras av Inger.	Inger kontrollerar Bengt.	1
Soppan serveras av Bengt.	Bengt serverar soppan.	1
Födelsedagar glöms lätt bort.	Det är lätt att glömma bort födelsedagar.	2a
Pannkakorna steks av Sixten.	Sixten steker pannkakorna.	2b
Byxorna sys om av skräddaren.	Skräddaren syr om byxorna.	3
Filmen ses av alla skolelever.	Alla skolelever ser filmen.	4*
Brevet skrivs av Jeanette.	Jeanette skriver brevet.	4

"Det är bra, det där med hemkunskap", säger Bengt. "Jag har övat ganska ofta också", säger Sixten. "Mamma jobbar jämt, så jag gör middag till mig själv på kvällarna." Bengt hummar och nickar. Han tänker sig att det ska låta uppmuntrande och hoppas att Sixten ska säga något mer, kanske varför han plötsligt kom hit. Men Sixten har pratat färdigt. Han dukar fram tallrikar och bestick. De äter upp alla pannkakorna med socker och smör utan att prata.

Efter att de har ätit upp pannkakorna tar de med sig varsin kopp kaffe in i vardagsrummet. Sixten sätter sig på soffan, bredvid sin väska. Bengt tänker att om Sixten inte snart börjar prata, så måste han göra det. Det regnar ute och det är nästan storm nu. Sixten blåser på kaffet. Han lägger i en sockerbit och rör om. Han häller i kaffegrädde och rör om. Han dricker lite. Han lägger i en bit till och rör om. "Han är nog inte så van vid kaffe, pojkspolingen" tänker Bengt. → 11

 ORDFÖRRÅD 11

synonymer

Bengt kallar Sixten pojkvasker, grabbhalva och pojkspoling. De betyder "pojke" och är roliga men ganska gamla uttryck. I ordmolnet får du fler synonymer.

en pojke · en yngling · en pilt · en kille · en grabb · en snubbe · en plutt · en kis · en gosse · en parvel · en ponke · en knatte

Som du kan se här, så är ord som beskriver en person, alltid en-ord.
De ord för pojke som man ofta använder idag är grabb och kille.

Efter kaffet somnar Sixten på soffan. Bengt tittar på honom. Nu har han ingen keps på sig och Bengt funderar på hur gammal han egentligen är. Efter att ha räknat en stund kommer han fram till att Sixten är 15 år, kanske 16. Han tänker att han inte minns när han gratulerade honom på födelsedagen sist. Det var alltid Erna som höll koll på sånt, ursäktar han sig med. Plötsligt skäms han och tänker att han har varit en ganska dålig morfar sedan Erna dog. Om han ska vara ärlig, så var han väl inte så hemskt mycket bättre när hon levde heller, för då tog hon hand om allt det där som morföräldrar gör. Köpa julklappar, ringa, baka pannkakor och hålla reda på vad de gör på fritiden. Han går ut i köket och kokar dubbel mängd risgrynsgröt till kvällsmat.

När klockan närmar sig sju, dukar Bengt i köket och hoppas att Sixten snart ska vakna och komma ut i köket. Han vet inte riktigt hur man väcker en tonåring och han känner sig dum. Efter en liten stund kommer Sixten ut i köket och sätter sig vid den framdukade tallriken. Bengt slevar upp gröt utan att säga något. Han föser över kanel och socker mot Sixtens tallrik och hummar. ”Vad sa du?” undrar Sixten. ”Ät nu”, svarar Bengt och häller mjölk på gröten. ”Julgröt i mars?”säger Sixten förvånat. ”Mamma gör bara risgrynsgröt på julafton. Hon kallar det för tomtegröt. Mormor ställde alltid ut ett fat till tomten.” Bengt nickar och stoppar in den första skeden gröt i munnen. ”Kalla det vad du vill, men ät nu. Kall gröt är inte gott.”

”Vi bäddar till dig i salen”, säger Bengt efter maten. Sixten fnissar. ”Salen, det är det aldrig någon som säger i Kungälv. De säger alltid vardagrummet.” De hjälps åt att fälla ut extrasängen. Sixten drar på örngott på kudden och påslakan på täcket. ”Sov nu. Imorgon är det nog bättre väder”, säger Bengt och går in i sovrummet. ”Imorgon är det nog bättre väder”, muttrar Bengt för sig själv, ”det var ju ovanligt dumt sagt. Precis som om han är här för att det är storm och han inte kommer hem. Han kunde ju ta sig hit, även om det var dåligt väder.” Något måste ha hänt, det förstod Bengt. ”Morfar?” ropar Sixten från sängen i salen. ”Om mamma ringer, säg inte att jag är här då, snälla.” Han låter som om det är viktigt för honom, så Bengt lovar: ”Jag tiger som muren”.

→ 12

ORDFÖRRÅD **12**

Här får du några synonymer till ordet sova:

slumra knoppa sussa tryna snusa slagga vila slafa dåsa

Han hade precis lovat det där med muren, så ringer telefonen. Det är förstås Sixtens mamma, Jeanette. Hon frågar om han har hört något av Sixten. ”Sixten?” säger Bengt svävande, som om han måste tänka efter vem det är nu igen. ”Nej du, honom har jag inte sett. Eller hört av, menar jag. Ingen aning,” lägger han till, för säkerhets skull. Han blir rädd att han sagt för mycket och att Jeanette ska fortsätta fråga. Men hon säger bara god natt och att hon ska ringa till några fler av Sixtens kompisar istället.

”Det var nära ögat”, tänker Bengt och torkar bort lite svett ur pannan. ”Var det mamma?” hör han Sixten från salen. ”Lät hon arg?” Bengt tänker efter innan han svarar. ”Nej, hon lät inte arg.” Hur lät hon, egentligen? ”Hon lät mer som om hon inte riktigt lyssnade, för att hon tänkte på vad hon ska göra efter att hon har lagt på luren.” Sixten suckar. ”Som vanligt alltså. Nej, nu sover vi morfar. Kan vi gå upp till fästningen imorgon?” Bengt skrattar till. ”Om det inte stormar, så kan vi gå dit. Vill du ta med en boll också? Jag tror att målen står kvar där uppe.” Bengt kommer plötsligt ihåg att det var Sixtens favoritutflykt när han var liten. Sixten sparkade boll och Bengt stod i mål. ”Bara om du står i mål, morfar,” fnissar Sixten och låter som om han var sju år igen.

→ 13

 GRAMMATIK 13

Adjektiv: komparation

Om man är mer än glad, måste man komparera adjektivet glad. Lägg till -are så stämmer det. Om du är mer glad än alla andra, lägger du till -ast. Så här gör du med de flesta svenska adjektiv. Pröva själv i tabellen nedan!

positiv	komparativ	superlativ
glad	gladare	gladast
arg	________	________
fin	________	________
kort	________	________

Det finns förstås ett par undantag ...

positiv	komparativ	superlativ	
lång	längre	längst	Här lägger du bara till -re och -st. Vokalen
tung	tyngre	tyngst	ändras ofta.
förtjust	mer förtjust	mest förtjust	Om orden är för långa, kan du använda mer
romantisk	mer romantisk	mest romatisk	och mest istället
gammal	äldre	äldst	Och så finns det några som är oregelbunda
liten	mindre	minst	på riktigt!
bra	bättre	bäst	

Nästa morgon vaknar både Bengt och Sixten av Ingers pekfinger på ringklockan. Innan Bengt hinner säga till Sixten att inte öppna, står han i bara kalsongerna vid den öppna dörren. ”Ja?” säger han till Inger. Hon gapar förvånat, men det kommer inget ljud ur munnen. Sixten säger ”Ja?” en gång till. Inger stänger munnen och öppnar den igen. Det kommer fortfarande inget ljud. ”Då så”, säger Sixten och stänger dörren med en smäll. ”Morfar, det stod en tant här men hon sa inget, så jag stängde dörren”, rapporterar Sixten. Bengt ler förtjust och tänker att det var tydligen rätt sätt att handskas med kärringen. ”Tant och tant”, säger han. ”Jag kallar henne kärringen, jag. Hon kollar varje morgon att jag inte har trillat av pinn under natten.” Bengt sätter sig på sängkanten. ”Men det brukar jag inte göra, så hon kommer alltid helt i onödan!” → 14

Efter frukosten går de upp mot fästningen. Det är fint väder, solen skiner och idag känns det som om det skulle kunna bli vår snart. Istället för att gå till Carlstens fästning, slår de in på rundan runt ön, som Bengt inte har gått på evigheter. Under frukosten pratade de inte, men när de promenerar är det som om någonting lossnar i Sixten och han börjar berätta.

ORDFÖRRÅD 14

Synonymer

Bengt säger att Inger brukar kolla att han "inte har trillat av pinn" under natten.
Det betyder, att han inte har dött.
Här får du fler synonymer till att dö:

trilla av pinn	gå bort	somna in	ge upp andan
gå hädan	avlida	ta ner skylten	stryka med
kila om hörnet	kola	gå i graven	bita i gräset

I höjd med Skallens fyr berättar han om mamma som bara jobbar hela tiden och när hon är hemma är hon sur. Och vid näckrosdammen pratar de om pappa, som aldrig hör av sig sedan han flyttade till Stockholm. Han sa att det var för jobbet, men Sixten fattar att föräldrarna egentligen tänker skiljas. Vid varmbadhuset berättar han om skolan, att han tycker att det är så mycket onödigt de måste lära sig. Och att alla andra verkar ha så mycket lättare för att lära sig än han själv har.

De har gått runt hela ön och Bengt känner sig inte längre som en trött, gammal gubbe. Han känner sig friskare och starkare än på länge! Han kanske skulle ta en tur till det ombyggda kallbadhuset för att bada, till och med? Det kändes bra att ha sällskap.

Sixten och Bengt sitter på en bänk vid Kungsplanen framför Societetshuset och ser på vattnet. "Igår eftermiddag på matten, orkade jag bara inte. Jag gick hem. Men när jag kom hem tänkte jag, att när mamma kommer, så fattar hon direkt att jag skolkar och jag hade ingen lust att bråka. Då kom jag på att hos dig brukar det vara lugnt. Du frågar inte och du tjatar inte, så jag tog bussen hit och sedan tog jag båten över och gick hem till dig."

När Sixten blir tyst, känner Bengt att det är dags för honom att säga något. Men vad säger man, när någon mår så som Sixten mår? Han försöker minnas vad Erna brukade göra. Hon var bra på att få folk på gott humör, men Bengt lärde sig aldrig hur hon gjorde. Han klappar Sixten lite tafatt på axeln. "Jag tror att vi ska åka över till Havshotellet och ta en fika. Bergs har inte öppnat för säsongen än. Och sedan får vi se vad vi gör med det andra", säger han och försöker låta uppmuntrande. → 15

När de sitter med varsin semla i sofforna på Havshotellet, säger Bengt: "Vi måste berätta för mamma att du är här. Om hon inte hittar dig, så ringer hon polisen. Om du inte går i skolan så blir det ett helvetes liv." Sixten nickar och biter i semlan. Han får grädde på näsan. ”Jag ringer till mamma och säger att hon ska sjukanmäla dig i skolan till att börja med. Och att du behöver lite lugn och ro, och att hon kan komma ut på söndag … Och sedan får vi se.” Sixten slickar bort florsockret från fingrarna. Det ser ut som om han tänker på det som Bengt just har sagt. Sedan nickar han och tar fram sin mobiltelefon. ”Titta morfar, jag har jättemånga missade samtal från mamma.”

FAKTA **15**

Fika är en social institution i Sverige. Då tar man paus från det man håller på med och dricker en kopp kaffe eller te och äter något tillsammans med andra. Det viktigaste är att man gör det tillsammans! Man kan inte fika ensam. På jobbet brukar man fika både på förmiddagen och på eftermiddagen, ofta bara tio minuter eller en kvart. Om man fikar med kompisar eller familjen på fritiden, kan man ta lite mer tid på sig.

Bengt förstår att Sixten inte har någon lust att prata med Jeanette. Hon är inte så bra på att lyssna. Särskilt inte om man försöker säga något som hon inte vill höra. Han minns plötsligt att det tog Erna flera veckor att berätta för Jeanette att hon var sjuk, riktigt sjuk och att hon skulle dö. Jeanette hade aldrig tid att lyssna, lovade att ringa tillbaka, men det gjorde hon aldrig. Bengt tänker att det kommer att bli svårt att förklara att Sixten är här, men att hon inte får komma hit förrän på söndag. ”Så, jag tar båten tillbaka och ringer till mamma”, säger han och låter mer bestämt än han känner sig. ”Du kan ju stanna här en stund till. Jag beställer en semla till dig vid kassan, när jag betalar med kortet på vägen ut.” Bengt klappar Sixten på axeln.

Efter telefonsamtalet med Jeanette är Bengt jättetrött. Det var inte lätt att få henne att förstå att Sixten först behöver lugn och ro. Hon skrek och var arg och sa flera gånger ”Det är faktiskt skolplikt i det här landet, pappa!” Till slut var Bengt tvungen att säga att han skiter i skolplikten. ”Nu är det så här. Han stannar här. Du kan komma på söndag. På söndag eftermiddag. Då får vi se.” Sedan lade han helt enkelt på. Och när det ringde igen, så svarade han inte.

Bengt sätter sig i läsfåtöljen, lägger upp fötterna på fotpallen och tittar ut genom fönstret. Han saknar utsikten från huset som han bodde med Erna i. Där kunde han se havet glittra i solskenet. Från den lilla lägenheten kan han inte se havet längre, men när han blundar kan han ändå se glittret. Han hör en mås och ser i fantasin hur den flyger in mot stranden. Han är så upptagen med fantasin, att han inte hör att Sixten kommer tillbaka. ”Vad sa mamma?” frågar han oroligt. ”Åh”, suckar Bengt, ”det tar vi imorgon.”

På lördagen är vädret lika fint som på fredagen. Solen skiner och himlen är blå. Efter frukosten vill Sixten gå till Handlarn för att köpa mat. ”Vi måste laga mat till mamma imorgon”, förklarar han. ”Då blir hon alltid på bätte humör. Ska vi göra en sallad med avokado och pinjenötter? Det gillar hon.” Bengt rynkar pannan. ”Avo … vadå? Nej, inte sallad. Det blir man inte mätt på. Köp kött. Och potatis. Och kanske morötter, så får hon grönsaker.” Sixten nickar och lovar att laga maten också. ”Sa hon när hon kommer?” vill han veta. Bengt skakar på huvudet. ”Jag sa att hon kan komma imorgon eftermiddag.”

Efter en en stund hör Bengt dörren. ”Nu kommer Sixten”, tänker han, men det är inte Sixten. Det är Jeanette. Innan han ser henne, känner Bengt lukten av hennes parfym. Han tittar förvirrat på sin dotter som har en påse full med mat i handen och är på väg in i köket. ”Men kommer du redan? Och har du handlat?” säger han förvånat. ”Sixten är hos Handlarn och handlar han också.” Jeanette ställer matkassen på köksbänken, suckar och vänder sig mot sin pappa. ”Det här är Sixtens matkasse, pappa. När jag kom av färjan så såg jag honom komma ut från Handlarn. Jag gick fram och tänkte hjälpa honom att bära, men han bara slängde kassen framför mina fötter och stack.” Bengt häller upp en kopp kaffe till Jeanette och säger: ”Sätt dig.”

Bengt berättar, vad han tror är problemet för Sixten. Jeanette avbryter honom, men Bengt säger bestämt: ”Nej, nu måste du lyssna.” Jeanette sjunker ihop på stolen och hör på när Bengt berättar att Sixten känner sig ensam, saknar sin pappa och att han inte trivs i skolan. Bengt är själv förvånad hur lätt det är att prata när han väl börjar. Han märker att Jeanette verkligen lyssnar, att hon vill förstå. Men när Jeanette börjar gråta, då vet Bengt inte vad han ska göra. Han slänger en kökshandduk till henne. Jeanette gömmer ansiktet i kökshanduken och gråter. Bengt sitter stilla och väntar på att hon ska sluta. Det tar en lång stund innan hon snyter sig i handduken och tittar upp. ”Och vad gör vi nu?” undrar hon. ”Var är Sixten, egentligen?” Bengt tittar på klockan och ser förvånat att de suttit i köket i över en timme. Och Sixten har inte kommit tillbaka än!

”Jag tror att jag vet var han är”, säger Bengt. ”Han gillar fotbollsplatsen uppe vid fästningen. Han är nog där.” Jeanette rusar ut i hallen och börjar ta på sig skorna. Bengt reser sig från köksstolen och kommer efter henne. Han lägger en hand på hennes axel och säger: ”Nu tar du det lite lugnt, lilla gumman. Du ska inte gå efter honom. Du sätter dig i salen och väntar. Jag går ut istället." Jeanette tittar förvånat på honom. "Lilla gumman? Det har du inte sagt till mig sedan jag flyttade hemifrån!" Bengt ler och nickar. "Då blev du så vuxen och jag tyckte inte att det passade att kalla min vuxna dotter lilla gumman. Men nu beter du dig lika impulsivt som du gjorde när du var en liten flicka, och då bara kom det."

Jeanette tar inte på sig skorna utan går tillbaka in i lägenheten. Bengt står kvar i hallen och funderar på om han ska gå efter Sixten. Bengt tänker att Sixten borde få sitta där tills han har suttit klart. Han kommer tillbaka när han har tänkt färdigt. Eller också är han ledsen och undrar om hans mamma ska försöka tvinga honom till något han inte vill? Bengt tvekar. Han vill ju inte att Sixten ska känna sig ensam och övergiven. Han kanske tror att Bengt och Jeanette just nu bestämmer något om honom, över hans huvud?

Bengt står i hallen och tvekar när Sixten kommer in genom dörren. "Är mamma kvar?" undrar han. "Jag sa att hon skulle sticka hem." Bengt nickar och gör en gest med tummen inåt lägenheten. "Hon sitter i salen" mimar han. "Jag vill inte prata med henne!" väser Sixten. "Det måste du", säger Bengt, lite högre den här gången. "Gå in dit nu, så har du det gjort. Hon kommer att fatta." Sixten stirrar argt på Bengt. "Det kommer hon ju inte! Du vet inte hur hon är! Du sa att hon skulle komma imorgon, men hon kom redan idag!" Jeanette kommer ut i hallen, men ser bara hur Sixten med sin svarta basebollkeps försvinner ut igen. Dörren går igen med en smäll.

"Vad i helvete?!" skriker Jeanette. "Varför höll du inte kvar honom?!" Bengt suckar och vänder sig mot sin dotter. "Sixten är ung och stark, jag är en gammal gubbe. Jag kan inte hålla kvar honom." Jeanette verkar inte vilja lyssna längre utan är på väg ut ur lägenheten, ut och iväg efter Sixten. "STOPP!" skriker han. Jeanette stannar upp och tittar förvånat på honom. "Låt grabben vara!" skriker han, lite för högt. "Han behöver tid för sig själv. Eller i alla fall utan dig en stund." Jeanette ser förvånad ut. "Hur vet du det?" säger hon. "Har han sagt det?" Bengt skakar på huvudet. "Sagt och sagt, det har han väl inte gjort. Men ibland är du bara för mycket!" Bengt föser in Jeanette i salen igen. "Nu stannar du här. Jag går ut efter gossen. Om du vill ha något att göra, kan du laga mat. Sixten har ju handlat."

Bengt tar på sin gubbkeps, helt utan emblem, och går ut i solen. Han kisar mot solstrålarna och går långsamt iväg uppför backen till fästningen. Han hinner inte så långt innan han hör någon som ropar: "Morfar! Vänta, jag vill gå med dig!" De går tysta brevid varandra en stund tills Sixten säger: "Det är så skönt med dig, morfar, du måste inte prata hela tiden." Bengt hummar lite och säger: "Men nu måste du komma med hem och prata med mamma. Annars går hon upp i limningen. Hon är orolig och hon vill dig väl, det vill hon." Sixten börjar skratta hysteriskt. "Gå upp i limningen?!" Bengt rynkar pannan och förtydligar. "Ja, hon får spatt, alltså." Sixten skrattar ännu mer. "Får spatt??!" stönar han fram mellan skrattattackerna. "Morfar, det låter så roligt när du säger det, men jag vet att mamma inte är rolig när hon är på det humöret som hon är nu." "Din mamma är faktiskt. bara orolig för dig. Hon vill ditt bästa, men vet inte riktigt hur man gör." Sixten slutar skratta. "Okej då", säger han och hakar sin arm under Bengts. "Vi går väl hem då."

Det blir en bra kväll. Sixten gör sitt bästa för att förklara hur han känner sig och Jeanette försöker förstå. Bengt är nöjd över att båda gör vad de kan för att reda ut problemen. Sixten och Jeanette lagar maten tillsammans och Bengt hör att de skrattar. Han sitter i läsfåtöljen och det luktar gott från köket. De steker köttet i smör och vitlök. Han känner igen doften och undrar varför han aldrig kommit på att göra det. Maten är god och stämningen är fin.

På söndagmorgon vaknar han av att någon grejar i köket, Han känner doften av kaffe och för en liten stund låtsas han att det är Erna. Han blir varm och glad i kroppen! Den glada känslan är kvar när han kommer ut i köket och ser hur Jeanette har dukat med finporslinet. Det gör han aldrig till sig själv. Det är ju synd, för det är ju verkligen fint! Hon har något i ugnen, något som doftar himmelskt. "Hoppas att du också gillar scones, pappa", säger hon. "Sixten älskar det!" → 16

FAKTA **16**

Scones är ett bröd med bakpulver som egentligen kommer från England. Här får du ett enkelt recept, om du också är sugen på något himmelskt en söndagmorgon.

Blanda 5 dl mjöl med 2 tsk bakpulver och 2 krm salt och finfördela 50 gr. smör. Rör ner 2 dl mjölk. Klicka ut åtta scones på en plåt med bakplåtspapper och grädda i ungefär 10 minuter i 250 graders ugnsvärme. Om du vill, kan du blanda i en tsk kardemumma och 1 tsk socker i degen.

I svenska recept väger man inte mjölet, man mäter det.
dl = (en) deciliter, msk = (en) matsked, tsk = (en) tesked, krm = (ett) kryddmått

Bengt tycker om Jeanettes nybakade scones. Smöret smälter och han blir kladdig om fingrarna. Jeanette skrattar åt honom när han fumlar med smöret och Bengt glömmer alldeles bort morgonekot. Sixten äter scones efter scones. Bengt är förvånad över hur mycket en tonåring kan äta!

”Vädret är så härligt!” säger Jeanette entusiastiskt. ”Ska du inte följa med över till Koön, pappa, och vinka av oss? Jag parkerade bilen där.” Sixten stelnar till. ”Vadå oss? Jag tänker inte åka med till Kungälv. Jag stannar hos morfar.” Bengt suckar. ”Så kort var den friden”, tänker han. Jeanette tittar allvarligt på Sixten. ”Jag trodde att vi var överens om att du följer med tillbaka och gör ett försökt till med skolan?” ”Du var överens!” säger Sixten häftigt. ”Jag sa aldrig att jag ville! Jag sa kanske och att jag ska tänka på det. Det sa jag!” Jeanette är på väg att bli arg, men Bengt sträcker upp handen i luften och försöker att stoppa grälet på samma som sätt som i går. Han skriker ”STOPP!” Bengt blir förvånad. Det funkar idag också! Både Sixten och Jeanette tittar på honom och undrar vad han ska säga. Han vet verkligen inte vad han ska säga. Han vill bara att de ska sluta bråka. Han har fortfarande den varma känslan kvar från när han vaknade imorse och är så glad över att ha både Sixten och Jeanette här. Det var så länge sedan han hade sällskap hemma och han mår bra av att inte bara umgås med Amundsen och med sina minnen av Erna.

”Nu gör vi så här”, säger han när han har harklat sig. Han använder den bestämda rösten som han brukade ha när han jobbade på banken. Han visste inte att han hade kvar den rösten. Sixten och Jeanette tror att han har en lösning på problemet, men det har han inte. Han vet bara att han inte vill att de ska skrika på varandra och han vill inte vara ensam hela tiden. Han vill att de ska må bra och vara lika glada som de var igår kväll. Så han säger det. ”Och så kan vi säga till blodhunden Inger att hon inte behöver kontrollera mig.” säger han. ”Jag tänker inte dö just nu, förstår ni. Jag tänker åka med er till Kungälv och lära mig att steka pannkakor och baka scones. För ni har väl kvar det där gästrummet, eller?” Sixten ser glad ut och Jeanette nickar. ”Jo, det har vi. Och du är så välkommen, pappa!”

Tillsammans tar de färjan över till Koön. Sixten med sportbag, Jeanette med en övernattningsväska och Bengt med en gammal resväska. ”Hur länge stannar du i Kungälv, morfar?” undrar Sixten. ”Tja”, säger Bengt. ”Hur lång tid tror du det tar att lära sig steka pannkakor?” Sixten försöker se allvarlig ut. ”Det är väldigt svårt att få stekpannan jämnt varm, förstår du morfar, så du måste nog stanna länge! Jättelänge!” När de kommit av färjan, ställer Bengt sin resväska på asfalten och sträcker ut handen till Sixten. ”Jamen, då säger vi så då.”

GLOSLISTA

vresig	mürrisch, verdrießlich
skolkande	schwänzend
upptagen	beschäftigt
avsky, -r, -dde, -tt	verabscheuen
kaffesugen	Durst auf Kaffee
yr	schwindelig
(en) havregrynsgröt	Haferbrei
ett skafferi, -er	Vorratsschrank
ett pekfing/er, -rar	Zeigefinger
slamra, -r, -de, -t	klappern, scheppern
ett brevinkast, -	Briefschlitz
gå i pension	in Rente gehen
stryk/a, -er, strök, strukit	bügeln
bry sig om, -r, -dde, -tt	sich um etwas kümmern
en kärring, -ar	altes Weib
vara i fred	in Ruhe gelassen werden
myndig	gebieterisch
slink/a in, -er, slank, slunkit	hineinschlüpfen, hineinplatzen
bläng/a, -er, -de, -t	starren
en hundvalp, -ar	Hundewelpe
en diskho, -ar	Spülbecken
kladdig	schmierig, klebrig
strimmig	streifig
knastra, -r, -de, -t	knistern, knirschen
dammsug/a, -er, -sög, -it	Staub saugen
gäll	schrill
en dörrkarm, -ar	Türpfosten
en läsfåtölj, -er	Lesesessel
retsam	neckisch
ett hyresrum, -	gemietetes Zimmer
ett bröllop, -	Hochzeit
slumra till, -r, -de, -t	einnicken
jättearg	stinkwütend
nedböjd	hinabgebeugt
tveksam	zögernd
en limpsmörgås, -ar	belegtes Brot vom (süßen) Brotlaib
en smula, -or	Krümel
skin/a upp, -er, sken, -it	sich aufhellen
(en) hemkunskap	Hauswirtschaft als Schulfach
piggna till, -r, -de, -t	wieder munter werden
vara van vid	gewohnt sein
skäm/mas, -mas, -des, -ts	sich schämen
en julklapp, -ar	Weihnachts-geschenk
framdukad	gedeckt
ett örngott, -	Kopfkissenbezug
ett påslakan, -	Bettbezug
gapa, -r, -de, -t	Mund aufsperren
lossna, -r, -de, -t	etwas löst sich
en näckrosdamm, -ar	Seerosenteich
tjata, -r, -de, -t	meckern, nörgeln
tafatt	unbeholfen, unsicher
en fotpall, -ar	Fußhocker
en mås, -ar	Möwe
en köksbänk, -ar	Arbeitsfläche in der Küche
stick/a, -er, stack, stuckit	abhauen
avbryt/a, -er, -bröt, -brutit	unterbrechen
göm/ma, -mer, -de, -t	verstecken
snyt/a sig, -er, snöt, snutit	Nase putzen
övergiven	verlassen
väs/a, -er, -de, -t	zischen
en gubbkeps, -ar	Schirmmütze für alte Herren
kisa, -r, -de, -t	blinzeln
en tonåring, -ar	Jugendlicher zwischen 13 und 19 Jahren
överens	überein
um/gås, -, -gicks, -gåtts	verkehren
harkla sig, -r, -de, -t	sich räuspern

Diskussionsfrågor

1. Vilket intryck får du av gubben Bengt? Beskriv honom!
2. Bengt kallar Inger för ”kärring”. Vad är en kärring och hur tolkar du ordet?
3. Semlor kan man kalla ett säsongsbakverk, eftersom de inte finns hela året utan bara under en viss period. Vilka fler säsongsbakverk känner du till?
4. Ta reda på så mycket du kan om norrmannen Amundsen! Varför tror du att Bengt är så intresserad av honom?
5. Vem är Erna? Berätta vad du tycker om henne!
6. Varför tror du att Sixten plötsligt bestämde sig för att åka hem till morfar på Marstrand?
7. Hur tycker du att Bengt visar Sixten kärlek och omsorg?
8. Leta upp de platser på Marstrand som nämns i texten och försök att få fram vad det är för ställen. Vilka av dessa platser skulle du vilja besöka?
9. Jeanette och Sixten har svårt att prata med varandra. Vad är dina bästa råd om hur hon ska bära sig åt för att få bättre kontakt med sin son?
10. När Jeanette blir arg, svär hon typiskt svenskt ”Vad i helvete!” säger hon. Vilka fler svenska svordommar känner du till?

GÖTEBORG: Mamman som rymde

Lisen, 34, mamma som får nog, bibliotekarie
Alicia, 4, dotter
Mirjam, 3, dotter
Petter, 35, Lisens frånvarande man, för tillfället på affärsresa i USA
Farbror Sjöström, 70+, båtägare
Malin, 42, hjälpsam granne

PERSONER

Efter en extremt jobbig morgon, får Lisen nog, skolkar från jobbet och tar spårvagnen till Saltholmen.

”Maaaaammmmaaaa!” Lisen vaknar av att Mirjam står brevid sängen och skriker. ”Jaaaaaag viiiiill iiiiinte gåååå till daaaagis idaaaag! Malte är så dum. Igår tog han min gunga.” Lisen fortsätter att blunda och ligger stilla. Hon hoppas att Mirjam ska sluta skrika och gå in i sitt rum och sova en stund till. Det kommer hon naturligtvis inte att göra. Hon är vaken. Då ska alla andra också vara vakna. ”Maaaaammmmaaaa!” ropar hon igen och tar ett hårt tag i Lisens hår. ”Vaaaaakna!” Lisen tar försiktigt i barnhanden och lossar den ur sitt hår. Hon undrar om hennes yngsta dotter någonsin kommer att lära sig att prata med samma antal vokaler som resten av världen.

”Lägg dig här hos mig en stund, stumpan, så vilar vi lite till innan vi väcker Alicia och gör oss färdiga.” Lisen kikar på Mirjam och klappar inbjudande på sängplatsen brevid sig. Hon tror verkligen inte att Alicia fortfarande sover och hon är säker på att Mirjam inte kommer att vilja lägga sig igen. Hon är redan uppe varv och det kommer att ta en bra stund att få henne lugn igen. Mirjam tittar misstänksamt på den tomma sängplatsen. ”Pappa? Var är pappa?” Lisen förklarar att han jobbar långt borta och att han kommer hem till dem i Göteborg i nästa vecka. ”Vi måste bara sova fem nätter till, sedan kommer han. Och då har han en överraskning till dig!” → 1

GEOGRAFI **1**

År 1621 grundade kung Gustav II Adolf Göteborg. Staden har många kanaler. De anlades dels för att dränera men även för att hela staden skulle kunna användas som hamn. Kungen anställde två holländska kanal- och vallmästare, Jan Aertsen och Joost van Werdt, så att det skulle bli ordentligt gjort.

Staden kallas ibland Lilla London. Det beror på att när Sverige industrialiserades på 1800-talet, kom det många engelska och skottska affärsmän till Göteborg. Handeln över Nordsjön var viktig. Många av de brittiska affärsmännen blev väldigt rika och donerade delar av sin förmögenhet till staden. Du kanske har hört talas om den tekniska högskolan Chalmers? Den startades av pengar från köpmannen William Chalmer, vars pappa ursprungligen kom från Skottland.

Idag är Göteborg Sveriges näststörsta stad och har nästan 600 000 invånare. Drygt 150 000 av dem är enligt statistiken utrikesfödda, men förmodligen är det inte så många som kommer från England och Skottland längre.

”Paaaaaaaappaaaaaa! Jaaaaaaag viiiiiiill haaaaaaa miiiiiiiin paaaaaaappaaaaaa nuuuuuu!” vrålar Mirjam. Lisen kan glömma tio minuter till under täcket. Hon får inte ens fem. Det är lika bra att hoppa upp och försöka få tyst på mistluren. ”Men lilla gumman”, försöker hon och tar upp Mirjam i knät, ”du vet ju att pappa alltid kommer tillbaka och då har han med sig något till er och …” Efter en stund lyckas Lisen lugna ner Mirjam, men då står redan Alicia i dörren in till sovrummet. ”Varför skriker ni? Jag vaknade!” säger hon surt. ”Så bra att alla är vakna!” försöker Lisen ”då hinner vi äta frukost hemma idag. Vill ni ha rostat bröd med ost och marmelad, kanske?”

I hallen kliver Lisen nästan på Mirjams nattblöja, full av kiss. Hon tar alltid av sig den på väg från sitt rum till föräldrarnas sovrum, så egentligen borde Lisen veta att det ligger en kissblöja någonstans i hallen, men i dag är hon så trött att hon glömmer att hålla utkik efter blöjor, legobitar, dockor och andra omkringslängda leksaker.

Efter en kladdig frukost med mycket marmelad, lyckas Lisen få på båda barnen lagom kläder. Det som hon tror är lagom kläder, vill säga. Det är april och vädret kan växla från minut till minut, så det är nästan omöjligt att veta om de kommer att bli för varma eller frysa under dagen. Efter övertalning (Lisen), tårar (Alicia) och vredesutbrott (Mirjam) hoppas Lisen att det åtminstone inte ska regna, så ungarna slipper gummistövlar i alla fall. → 2

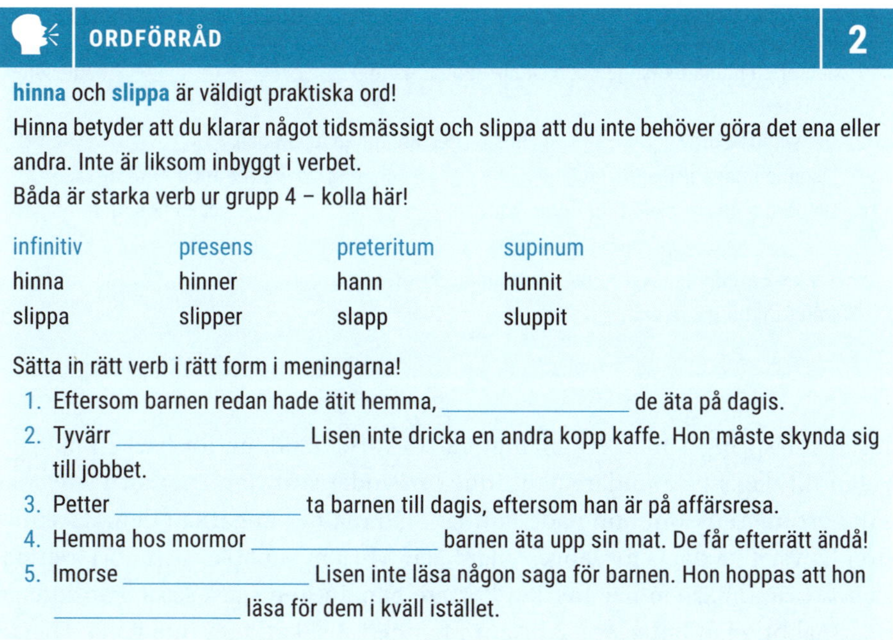

ORDFÖRRÅD 2

hinna och **slippa** är väldigt praktiska ord!
Hinna betyder att du klarar något tidsmässigt och slippa att du inte behöver göra det ena eller andra. Inte är liksom inbyggt i verbet.
Båda är starka verb ur grupp 4 – kolla här!

infinitiv	presens	preteritum	supinum
hinna	hinner	hann	hunnit
slippa	slipper	slapp	sluppit

Sätta in rätt verb i rätt form i meningarna!

1. Eftersom barnen redan hade ätit hemma, __________ de äta på dagis.
2. Tyvärr __________ Lisen inte dricka en andra kopp kaffe. Hon måste skynda sig till jobbet.
3. Petter __________ ta barnen till dagis, eftersom han är på affärsresa.
4. Hemma hos mormor __________ barnen äta upp sin mat. De får efterrätt ändå!
5. Imorse __________ Lisen inte läsa någon saga för barnen. Hon hoppas att hon __________ läsa för dem i kväll istället.

Lisen är svettig och blusen känns klibbig på kroppen redan när de kommer ut på gården. Petter, barnens pappa, tycker att barnen är för stora för att sitta i syskonvagnen, så den sålde han på Blocket innan han åkte på affärsresa. Han tycker att den lilla biten till dagis kan de ju faktiskt promenera. ”Det är ju klart att han tycker det”, tänker Lisen surt, ”eftersom det nästan alltid är jag som lämnar.” Om han någon gång lämnar har han kompledigt efter en affärsresa och då kan de promenera hur länge som helst till dagis. De kan titta på varenda daggmask, plocka upp varenda pinne och hälsa på vartenda barn de möter på vägen. Lisen däremot, måste komma i tid till jobbet och hon har inte heller tålamod att låta barnen ”ta sig sin tid” som Petter brukar säga att han gör. → 3

GRAMMATIK 3

Pronomen

Varenda och vartenda är indefinita pronomen som böjs efter det substantiv de beskriver. Det funkar förövrigt likadant med varannan och vartannat.

Exempel:

De plockar upp *varenda* pinne (en pinne) och hälsar på *vartenda* barn (ett barn).
Han bakar bröd *varannan* dag (en dag) men prinsesstårta bara *vartannat* år (ett år).
OBS! Det finns ingen pluralform.

Skriv rätt ord i luckorna!

1. Jag är så himla fikasugen och skulle kunna äta upp ________________ kanelbulle på fatet!
2. Det ser ju kul ut! ____________ hus på den här gatan är vitt och ____________ är rött.
3. Lisen lämnar barnen på dagis ________________ dag när Petter är på affärsresa.
4. De barn som har skilda föräldrar, bor ofta ________________ vecka hos mamma och ________________ vecka hos pappa.
5. Tänk på att du behöver köpa biljett innan du kliver på ________________ tåg som går från Göteborgs central!

Lisen småspringer med ett gnälligt barn i varje hand, nerför backen på Såggatan till dagis på Standargatan. Inne i huvudet svär hon över att Petter har sålt kärran. Tänk om hon hade kunnat klämma ner ungarna i den, då skulle hon ha varit på dagis för länge sedan! När Mirjam snubblar och börjar gråta, skäms Lisen. Barnen har mycket kortare ben än hon själv, så de kan inte gå lika snabbt. Hon lyfter upp Mirjam i famnen. Då kan hon inte hålla Alicia i handen längre. Alicia har förstått att det är bråttom och börjar springa. Lisen kan inte springa med Mirjam i famnen, så hon ropar till Alicia att stanna. ”Du kan inte ta mig!” ropar Alicia och springer glatt hoppsasteg på trottoaren. Det dröjer inte många steg innan Alicia hoppsar snett på en trottoarkant och ramlar. Lisen springer så fort hon kan med Mirjam i famnen. För att kunna lyfta upp Alicia, måste hon sätta ner Mirjam. Mirjam hade slutat gråta, men börjar igen, när hon hör hur Alicia gråter. ”Jaaaaag vill ha miiiiin napp!” gråter Mirjam. Lisen påminner Mirjam om att hon ju är stor nu och inte har någon napp längre. ”Du och pappa kastade dem till sälarna i Slottskogen förra helgen, har du glömt det?” Ja, det har hon tydligen gjort. Mirjam gråter högljutt efter alla nappar som de slängde till sälarna. Och så kommer hon på att pappa är på affärsresa, så då gråter hon lite till över det. → 4

FAKTA **4**

Slottskogen

Slottskogen ligger sydväst om centrum och är Göteborgs största park. Den öppnade 1874, så den är också en av de äldsta. Det är gratis att titta på djuren, ha picknick eller leka på lekplatsen Plikta. Många joggar i parken och ibland är det konserter där. Konserterna är inte alltid gratis.

Djurparken är öppen året runt och det finns bland annat älgar, dovhjortar, hängbukssvin, pingviner och knubbsälar att titta på.

Lekplatsen Plikta är Göteborgs största och det finns många spännande lekredskap för barnen att leka med. Det finns även en ungefär 300 meter lång barfotaslinga. Där går man över olika markunderlag och det finns en naturlek där barnen kan upptäcka slottskogens natur.

Om du inte vill packa din egen picknickkorg så finns det även kiosker och caféer på området, till exempel Villa Belparc och Café Azalea.

Aktuella tips kan du få här: https://goteborg.se/wps/portal/enhetssida/slottsskogen

När Lisen haltar in på dagis med två rödgråtna barn, ser förskoleläraren Barbro sur ut. Alicia gråter fortfarande och hennes byxor har ett hål på knät. Genom hålet kan man se ett sår och det blöder lite. ”Jag hämtar sårtvätt och plåster” säger Barbro och försvinner in på kontoret efter förbandslådan. Lisen försöker sätta ner Mirjam på golvet för att ta av henne ytterkläderna, men Mirjam klamrar sig fast och gråtskriker hjärtskärande: ”Maaaammaaaa, duuuuuu fååååår iiiiiinte gåååååå!” Barbro tar hand om Alicias sår med ena handen, tröstar Mirjam med den andra samtidigt som hon konstigt nog vinkar till Lisen, att hon ska gå. ”Barbro är verkligen ett förskoleproffs,” tänker Lisen och ångrar alla elaka tankar hon någonsin tänkt om Barbro. → 5

FAKTA **5**

Om man skulle råka säga ”dagis” menar man egentligen ”förskola”. De flesta svenska barn är på förskolan när de är mellan ett och fem år. Förskolan har en egen läroplan och ska inte bara ta hand om barnen när föräldrarna jobbar.

Förskolan ska vara en pedagogisk miljö som stimulerar barnens lärande och utveckling. De som jobbar där är barnskötare och förskolelärare. En barnskötare har ofta gått barn- och ungdomsprogrammet på gymnasiet och en förskolelärare har studerat i tre och ett halvt år på högskolan.

Förskoleklass är obligatoriskt sedan hösten 2018. Barn som bor i Sverige har skolplikt från höstterminen det år de fyller sex år.

Lisen skyndar ut från dagis, bort från Alicias sår och Mirjams gråt. När hon tittar på klockan ser hon att hon inte kommer att hinna promenera till jobbet idag, inte ens om hon går snabbare än hon brukar. Det måste bli spårvagnen annars kommer hon för sent. Hon går snabbt till Kaptensgatan och hoppar på treans vagn. Det är fullt och det är många skolbarn på vagnen. Lisen hittar ingen ledig sittplats så hon måste stå.

Lisen är bibliotekarie på statsbiblioteket vid Götaplatsen. När hon var färdig bibliotekarie från högskolan i Borås för åtta år sedan, var hon så glad och stolt! När hon sedan fick jobb i Göteborg, kändes det som om hon hade vunnit högsta vinsten på lotteri. Hon älskar sitt arbete och varje morgon när hon går paradgatan Avenyn upp, känner hon sig viktig. Hon nickar i hemlighet till statyn av poeten Karin Boye som står utanför biblioteket och väntar på henne varje morgon. → 6

Just idag känns det som om Karin Boye kan stå där hon står och Lisens kollegor kan klara sig bäst de vill utan henne. Jobbet känns varken viktigt eller roligt idag. Lisen är mest ledsen, men också lite arg. Ledsen över att hon inte hade mer tålamod med barnen och arg för att Petter inte var där. Arg för att han ibland bestämmer saker som har konsekvenser för dem alla utan att prata med henne! Som att sälja syskonvagnen på Blocket eller att säga ja till en två veckors lång affärsresa till USA, till exempel. → 7

När hon kommer fram till Brunnsparken och är på väg att byta till en buss för att komma så nära Götaplatsen som möjligt, stannar hon plötsligt. "Vad händer om jag inte går till jobbet idag, egentligen?" Hon bestämmer sig spontant för att inte alls gå till jobbet. Både Karin Boye och kollegorna klarar sig definitivt en dag ensamma. Kollegorna kommer att sortera böcker, dricka kaffe och skvallra. De kommer nog att undra vart hon har tagit vägen, men då får de åtminstone något nytt att skvallra om. → 8

Lisen ser sig yrvaket omkring. Det känns som hon precis har vaknat eller som om hon är i en stad hon aldrig har varit förut. Hon ser människor som har bråttom och hon hör spårvagnarnas ringsignaler. I vanliga fall när Lisen är nere i stan, är hon på väg någon annanstans. Hon måste köpa något eller ska träffa någon. Hon har alltid ett mål och oftast en tid att passa. Nu har hon plötsligt en helt ledig dag. Hon får en känsla i bröstet som hon inte känt på länge. Det är … frihet!

 FAKTA 6

Karin Boye, 1900–1941, är mest känd för sina dikter men skrev även romaner, noveller och artiklar. Hon föddes i Göteborg men flyttade med sina föräldrar till Stockholm när hon var nio år.

En av hennes mest älskade dikter är "Ja visst gör det ont" ur diktsamlingen "För trädets skull" som kom ut 1935. Många generationer av ungdomar i puberteten har läst och tyckt om dikten som ger hopp om att livet blir bättre. Nu i efterhand, när vi vet att Karin var bisexuell och levde med en kvinna under den sista tiden i sitt liv, kan vi också se den som en metafor för att komma ut som homosexuell.

Ja visst gör det ont när knoppar brister.
Varför skulle annars våren tveka?
Varför skulle all vår heta längtan
bindas i det frusna bitterbleka?
Höljet var ju knoppen hela vintern.
Vad är det för nytt, som tär och spränger?
Ja visst gör det ont när knoppar brister,
ont för det som växer
och det som stänger.

Ja nog är det svårt när droppar faller.
Skälvande av ängslan tungt de hänger,
klamrar sig vid kvisten, sväller, glider -
tyngden drar dem neråt, hur de klänger.
Svårt att vara oviss, rädd och delad,
svårt att känna djupet dra och kalla,
ändå sitta kvar och bara darra -
svårt att vilja stanna
och vilja falla.

Då, när det är värst och inget hjälper,
Brister som i jubel trädets knoppar.
Då, när ingen rädsla längre håller,
faller i ett glitter kvistens droppar
glömmer att de skrämdes av det nya
glömmer att de ängslades för färden -
känner en sekund sin största trygghet,
vilar i den tillit
som skapar världen.

FAKTA 7

På Blocket kan du köpa och sälja nästan vad som helst: hundvalpar, hus och barnvagnar! Henrik Nordström grundade sajten 1996 och i dag är den Sveriges största köp- och säljmarknad. Sju av tio svenskar har någon gång köpt eller sålt något via Blocket. 2015 omsatte Blocket AB 874 miljoner kronor.

Vill du handla? Eller bara kolla hur det ser ut? Här är adressen: https://www.blocket.se/

GRAMMATIK 8

Verb: futurum

Det finns tre sätt att bilda futurum på svenska, och det bästa är att du INTE behöver lära dig någon ny verbform! Det räcker så bra med de gamla vanliga: presens och infinitiv. Häng med här, ska du få se:

1. presens + framtidsadverb — ex. Petter åker hem till Göteborg i nästa vecka
2. ska + infinitiv — ex. Lisen ska tala allvar med honom.
3. kommer att + infinitiv — ex. Han kommer att bli överraskad ...!

Tips på vilken variant du ska välja:

1. funkar alltid när du berättar om vad som händer i framtiden.
2. funkar bra när du planerar eller bestämmer något.
3. funkar bäst när det handlar om en prognos eller en naturlig process (där subjektet inte nödvändigtvis medverkar, till exempel när du pratar om vädret i morgon).

Ska hon ta en kopp kaffe på ett café? Ska hon läsa en tidning utan att bli avbruten? Ska hon ta en promenad i Slottskogen utan att stanna vid Plikta? Ska hon åka ut till Saltholmen och promenera på klipporna och titta på havet? Ska hon kanske till och med hoppa på båten ut till en av öarna i skärgården?

→ 9

Lisen vänder Brunnsparken ryggen och går sakta längs kanalen mot Gustav-Adolfs-torg. Hon stannar framför statyn av Gustav Adolf, den gamle krigarkungen som innan han dog i det 30-åriga kriget 1632 i Lützen, grundade staden Göteborg. Hans högra hand pekar snett nedåt och Lisen har alltid föreställt sig att han pekar på en plats vid Göta älvs mynning och säger ”HÄR ska staden ligga!” Hon går vidare förbi tyska kyrkan, Göteborgs stadsmuseum, vid nästa bro korsar hon kanalen och slinker in på Brogyllens café.

GEOGRAFI 9

Styrsöbolagets båtar avgår från Saltholmen till öarna i den södra skärgården, till exempel Asperö, Brännö, Styrsö och Donsö. Det är många som pendlar från öarna in till jobbet i stan och år 2018 reste 2 340 000 personer med båtarna i den södra skärgården.
Styrsöbolaget bildades 1922. Sedan 2004 ägs det av Transdev Sverige.

Styrsö är den största av öarna och är centralort i stadsdelsnämnden västra Göteborg. Ön har 1348 invånare (2018). Om du vill bli sommargäst där, kan du hyra ett rum på det fina pensionatet Skäret. https://www.pensionatskaret.se/

Hon beställer en stor kopp kaffe och en ostfralla som hon balanserar på en bricka till ett litet runt bord vid fönstret. Redan innan hon har satt sig, känner hon hur telefonen vibrerar i kappfickan. När hon får upp telefonen har den redan slutat ringa, men hon ser på mobilskärmen att det är jobbet som ringt. Efter att ha tänkt över saken i knappt femton sekunder, skriver hon ett meddelande till kollegan Mia: ”Migränanfall. Förlåt!” Lisen är mycket nöjd med sig själv och lutar sig tillbaka på stolen och njuter av det varma kaffet. Hon sträcker sig efter en kvarglömd tidning, Göteborgs Posten, och börjar läsa. Efter en dryg timme ställer hon sin bricka i brickstället och går ut på Västra Hamngatan. → 10

ORDFÖRRÅD 10

dryg = lite mer / **knapp** = lite mindre

Ringa in det ord som passar bäst!

Hört i Saluhallen:

1. Jag skulle vilja ha ett drygt/knappt kilo potatis. Mina barn är hungriga och älskar potatismos!

Hört i Feskekörka:

2. Jag vill bara ha ett drygt/knappt halvkilo räkor. De är jättedyra idag!

PS 1: Saluhallen är en fin byggnad från 1888 där kan man bland annat köpa ost, grönsaker och bröd.
PS 2: Feskekörka är en saluhall för fisk och skaldjur. Den öppades 1874.
På båda ställena kan man äta goda luncher.

Solen tittar fram och Lisen knäpper inte kappan utan låter den fladdra efter sig, när hon promenerar gatan fram i riktning mot domkyrkan. Vid spårvagnshållplatsen stannar precis 11:an mot Saltholmen. Den släpper ut människor som skyndar till jobbet. Lisen hoppar snabbt in och sätter sig till rätta. Efter tio minuter skramlar vagnen förbi hållplatsen hon brukar gå av och huset där hon bor med familjen, men hon sitter kvar. Hon känner sig äventyrlig, glad och den där bubblande känslan av frihet är kvar i bröstet.

Fotbollsplatsen med konstgräset vid Majvallen lyser grönt, men ser övergivet ut denna fredag morgon. Inga svettiga fotbollsspelare eller glada barn så långt ögat når. På samma sida ser hon slottsskogskolonin med de små idylliska kolonilotterna. När hon promenerade där med Alicia som bebis för fyra år sedan, hade hon önskat att de hade en stuga där. Sedan dess har hon förstått att det inte bara är idyll att ha en kolonilott, utan en hel del arbete också. Numera är hon glad att hon slipper tänka på att så i rabatter och beskära äppelträd också. Det räcker att fundera ut vad de ska äta till middag och hålla reda på vem av barnen som behöver nya galonbyxor och vem som behöver nya gummistövlar. Efter hållplatsen Hagen är det ingen mer som stiger in i vagnen och Lisen njuter av att vara nästan ensam i vagnen.

Ju fler hållplatser spårvågnen lägger mellan Lisen och vardagen, ju gladare känner hon sig. När hon är framme vid ändhållplatsen efter en knapp halvtimme, skuttar hon nästan av vagnen med ett leende på läpparna. → 11

Hållplatsen heter ”Saltholmen” och från spårvagnen är det inte långt till kajen med båten ut till öarna. Lisen tycker att det luktar tång och hav, hon hör måsarna och blir sugen på färska räkor. Hon tänker på lukten av persikor och jordgubbar som hennes egen mamma alltid hade i picknickkorgen när de åkte ut på öarna när Lisen var barn. Hon känner nästan lukten av solskyddskrämen som hon brukar smörja in sina barn med när de är vid havet på sommaren.

När hon kommer till kajen, har båten till Brännö precis gått och det är 40 minuter tills nästa går. Först blir hon lite besviken, sedan tänker hon: ”Äsch, det spelar ingen roll. Jag skolkar i dag och kan göra precis vad jag vill!” Hon står kvar på kajen och funderar. Vad är det hon vill, egentligen? Till vardags handlar det mest om vad barnen vill eller behöver. De behöver nattas och väckas, de behöver mat som Lisen lagar och så behöver de att någon ser efter dem. Sedan vill de att hon ska leka med dem, läsa för dem och sjunga med dem. Och på jobbet handlar det inte heller så mycket om vad hon vill utan om att hon ska sköta sina arbetsuppgifter. → 12

GRAMMATIK 11

Adjektiv: komparation

Repetition

Sätt in rätt form av adjektivet i meningarna!

1. Är Mirjam _______________ än Alicia? (arg)
2. När Petter är på affärsresa, känner sig Lisen _______________ än när han är hemma. (ensam)
3. Lisen känner sig _______________ än på länge! (fri)
4. Barbro är _______________ av alla förskolelärare på dagis, tycker barnen. (snäll)
5. Barnens ben är _______________ än Lisens. (kort)

Kommer du också ihåg de oregelbundna?

6. Alicia är ett år _______________ än Mirjam. (gammal)
7. Petter jobbar _______________ av alla på kontoret. (mycket)
8. Att sälja syskonkärran, var verkligen Petters _______________ idé någonsin! (dålig)
9. Ibland tycker Lisen att Petter är en _______________ förälder än hon själv. Han har _______________ tålamod än vad hon har. (bra/mycket)
10. Vilken kyrka är _______________, tyska kyrkan eller domkyrkan? (liten)

Hon längtar efter att segla runt bland öarna ett par timmar. När Lisen var barn brukade hon ofta segla med morfar som hade en fin gammal träbåt. Som tonåring lärde morfar henne att hantera båten så bra att hon fick lov att använda den på egen hand. Det var frihet! Att segla runt i skärgården, hitta en liten vik och bada naken i det salta vattnet.

När morfar dog, ärvde Lisen båten. Fast hon älskade att sticka ut och segla, hann hon inte göra det lika ofta efter att hon blivit mamma. Då sålde hon den och pengarna räckte till en del av insatsen till lägenheten. Hon var glad för att de kunde låna mindre pengar på banken, men ibland saknade Lisen båten så mycket att det gjorde ont. Som idag! Om hon skulle vinna på lotto, då skulle hon köpa en båt igen, det var då säkert! Och då skulle hon lära Petter att segla och så hoppades hon att barnen skulle bli lika förtjusta i att vara ute på havet som hon själv var. → 13

Lisen sätter sig ner på bryggan och tänker på de båtar hon har mött i livet. Förutom morfars båt, som hon kände utan och innan, hade hon i slutet på gymnasiet haft en pojkvän med egen båt. Hon fnissar för sig själv, över att hon detaljerat minns båten, sedan hur han luktade, en blandning av snus och bensin, och först efter det dyker namnet upp. Jens! Jens var ingen seglare utan hade en motorbåt som han var mycket stolt över.

GRAMMATIK 12

Verb: imperativ

Repetition

Imperativ är viktigt om du är chef, militär eller har små barn. Verben nedan står i infinitiv, skriv om dem till imperativ. **Tips:** Om du tar "omvägen" via presens blir det lättare. Verben följer en vanlig dag med ett mindre barn, kanske inte i helt rätt ordning från morgon till kväll. ;-)

infinitiv	presens	imperativ
väcka		
vakna		
göra frukost		
äta frukost		
tvätta sig		
borsta tänderna		
klä på sig		
kamma sig		
ta på sig skorna		
gå till dagis		
skynda sig		
leka i sandlådan		
byta blöja		
klä av sig		
bada i badkaret		
sluta gråta		
läsa saga		
lyssna på sagan		
dricka välling		
hitta nappen		
somna		
sova		

Solen värmer Lisens rygg och hon känner sig dåsig. Hon sitter på bryggan och dinglar med benen. Trät är lite varmt, uppvärmt av solen och hon lägger sig ner. Hon ligger på rygg och tittar upp mot molnen, samtidigt som hon tänker vidare på Jens och hans båt. Molnen är bara små, vita, luftiga tussar. Innan hon vet ordet av somnar hon. → 14

GRAMMATIK **13**

Verb: konditionalis

Inte ens när vi pratar om villkor, konditionalis, har vi särskilda former på svenskan. Det fanns förr, men de har vi rationaliserat bort. De finns kvar i vissa uttryck, som till exempel "Det vete katten!", "Om en bara finge vara med på balen!" och "Prisad vare Gud!"

Idag nöjer vi oss med konditionalis 1 och 2. Häng med här:

1. Här beskriver vi handlingar som kan hända om vissa villkor uppfylls i nutiden.
   - Om Mirjam fick gunga, skulle hon bli glad.
   - Om Lisen vann på lotto, skulle hon köpa en segelbåt.
2. Här beskriver vi handlingar som kunde ha hänt, under vissa villkor, i dåtiden.
   - Jag skulle ha varit generösare, om jag hade vetat att jag skulle få löneförhöjning.
   - Petter skulle inte ha sålt syskonkärran, om han hade förstått hur stressigt det hade blivit för Lisen.

GRAMMATIK **14**

Verb: transitiva / intransitiva

Enkelt sett, kan man säga att ett transitivt verb påverkar någon annan eller något annat. Ett intransitivt däremot beskriver ett verb som inte påverkar någon annan.

Exempel: Lisen sätter Mirjam i syskonvagnen. (transitivt)
Mirjam sitter i vagnen. (intransitivt)

Sätt in rätt ord i meningarna!

1. Pengarna ________________ på bordet. Jag ________________ ner dem i plånboken. (ligga / lägga)
2. Lisen ________________ tidigt i morse. Det var Mirjam som ________________ henne. (väcka / vakna)
3. Barnen vill inte ________________ på kvällen. De ________________ hela natten. (sova / somna)
4. Barbro ________________ i hallen på dagis. Hon ________________ gummistövlarna i en fin rad. (stå / ställa)

"Hallå?" en fot snuddar försiktigt vid Lisens lår. Hon vaknar med ett ryck och sätter sig snabbt upp och ser förvånat på den gamle mannen som väckt henne. "Hur är det med dig, lilla hjärtat?" undrar han och närmar sitt rynkiga ansikte mot hennes. Lisen vet inte hur länge hon sovit, men solen är borta och bryggan känns inte lika varm längre. ”Jodå”, mumlar hon och sätter sig upp. Hennes blodtryck hänger inte alls med när hon hastigt ställer sig upp. Hon svajar till och den gamle mannen tar tag i hennes överarm. ”Nej, jag tror att hon behöver en kopp varmt, starkt kaffe!” säger han bestämt. ”Kom med till min båt, så ska jag koka henne en kopp.” → 15

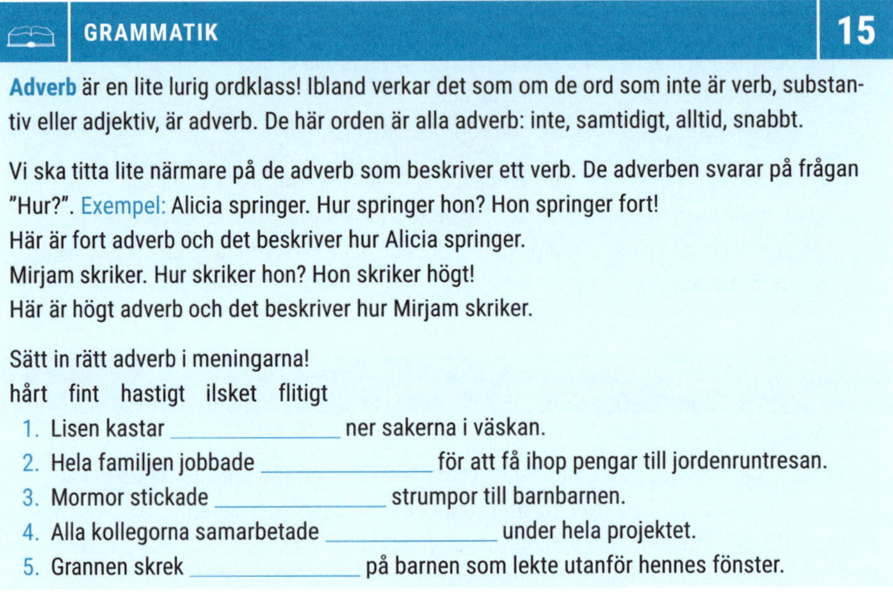

GRAMMATIK **15**

Adverb är en lite lurig ordklass! Ibland verkar det som om de ord som inte är verb, substantiv eller adjektiv, är adverb. De här orden är alla adverb: inte, samtidigt, alltid, snabbt.

Vi ska titta lite närmare på de adverb som beskriver ett verb. De adverben svarar på frågan ”Hur?”. Exempel: Alicia springer. Hur springer hon? Hon springer fort!
Här är fort adverb och det beskriver hur Alicia springer.
Mirjam skriker. Hur skriker hon? Hon skriker högt!
Här är högt adverb och det beskriver hur Mirjam skriker.

Sätt in rätt adverb i meningarna!
hårt fint hastigt ilsket flitigt

1. Lisen kastar ______________ ner sakerna i väskan.
2. Hela familjen jobbade ______________ för att få ihop pengar till jordenruntresan.
3. Mormor stickade ______________ strumpor till barnbarnen.
4. Alla kollegorna samarbetade ______________ under hela projektet.
5. Grannen skrek ______________ på barnen som lekte utanför hennes fönster.

Lisen känner sig redan piggare och inte yr längre och hon tycker att det känns skönt att bli ompysslad. Hon följer efter den gamle mannen ut på bryggan till hans båt. Det är en gammal, välskött träbåt och lacket glänser i solen, som på april-sätt plötsligt tittar fram igen. Lisen ser båten och känner genast igen den: det är ju Alida! Alida var en systerbåt till morfars Amelie och ägdes på den tiden av morfars bäste vän, farbror Sjöström. Lisen stannar till, granskar mannen som vant klättrar ombord och känner med ens igen honom. ”Alida!” ropar hon. ”Och farbror Sjöström!” Sjöström stannar till och vänder sig om och spricker upp i ett stort och varmt leende. ”Nej, men jag tyckte väl att det var något bekant över den sovande donnan. Lilla stackare, vad gör du här ute, utan båt? Amelie är ju såld, har jag hört. Och Teodor, morfar din, han fick lämna jordelivet alldeles för tidigt, han. Han borde ha seglat Amelie själv i många år till.” Lisen känner sig plötsligt som om hon var ett litet barn igen, sätter sig på Alidas durk och lyssnar på de välbekanta ljuden när farbror

Sjöström rotar omkring nere i pentryt. Efter en liten stund känner hon den ljuvliga doften av kaffe leta sig upp till henne. → 16

GRAMMATIK 16

Vad är **subjektspronomen** och **objektspronomen** nu igen då? Kolla på tabellen så minns du!

Subjekt	objekt	subjekt	objekt
jag	mig	vi	oss
du	dig	ni	er
han	honom	de (dom)	dem (dom)
hon	henne		
man	en		

Ringa in det riktiga pronomenet i texten!

1. Jag / Mig vill gärna komma hem till ni / er på lördag. Ska jag / mig ta med jag / mig något?
2. Du / Dig är så välkommen hem till vi / oss! Du / Dig behöver inte ta med du / dig något.
3. Får jag / mig ta med min hund? Han / Honom är både snäll och rumsren.
4. Du / Dig kan tyvärr inte ta med hunden. Min dotter är allergisk mot pälsdjur.
5. Så synd! Kan hon / henne inte ens klappa en katt, din dotter?
6. Nej, hon / henne kan inte klappa katter eller hundar. Det är svårt för mina föräldrar, eftersom de / dem har hästar. De / Dem måste alltid duscha och byta kläder innan de / dem kommer till vi / oss.
7. Ojdå! Hur gör ni / er, när ni / er hälsar på de / dem?
8. Ja, det är inte så lätt. Vi / Oss hälsar inte på de / dem så ofta, men när vi / oss gör det, brukar vi ge hon / henne allergimedicin och hoppas på det bästa.

”Det var då för roligt att du kom ut för och titta till mig”, småler Sjötröm och höjer kaffekoppen mot Lisen som om det vore ett snapsglas. ”Skål och välkommen då, lilla hjärtat!” Lisen dricker av kaffet, som är så hett som bara kokkaffe på en båtdurk kan vara. ”Och att du kände igen Alida, innan du kände igen mig”; skrockar gubben. ”Men hon blir ju bara vackrare och vackrare med åren, men det kan en ju inte säga om en annan, inte! De blir bara fler och fler rynkor och mindre kalufs för varje år som går.”

Sjöström ställer ner kaffekoppen med en liten skräll. ”Så nu har vi nog av bryggsegling, eller? Nu tar vi oss en svängom!” Lisen säger inte nej. Varje fiber i hennes kropp vill ut på havet, vill känna vinden mot kinderna och höra hur seglen spänns i vinden. Ansiktet spricker upp i ett enda stort leende och det försvinner inte, utan sitter kvar, så länge som segelturen varar. Sjöström frågar inget, han bara ber henne att skota hem och kryssa mot vinden. Resten av tiden njuter de tysta av varandras sällskap och det känns som om det inte finns någon tid längre. När de lägger till vid bryggan igen, kommer Lisen på att det ju funnits en tant Sjöström också, så hon frågar försiktigt hur hon mår. ”Gumman sitter på Högsbo sjukhem och känner inte igen mig längre. Hon är så dement att hon tror att vår grabb är jag och att jag är hennes far. Och det bara om hon har en bra dag … De dåliga dagarna vill jag inte ens tänka på och absolut inte prata om.” Sjöström ser ledsen ut. Lisen sträcker ut högerhanden och stryker honom över kinden.

Hon tackar vänligt men bestämt nej till ytterligare en kopp kaffe, säger hej då och lovar farbror Sjöström att snart komma ut och hälsa på igen. Hon bestämmer sig för att promenera tillbaka in till stan. Klockan är snart halv tre och hon behöver nog en och en halv timme för att gå hem. Det är inte ens en mil, bara drygt sju kilometer, googlar hon fram på mobilen. I lugn takt borde hon kunna vara på dagis senast vid halv fem. Hon brukar inte hämta så sent, särskilt inte på fredagar, men idag är det en alldeles speciell dag. Det är hennes egen frihetsdag och den dagen då hon upptäckte hur mycket hon saknade att segla! Dagis borde inte hinna stänga i alla fall, tänker hon.

Hon promenerar uppemot Långedrag förbi Västerberget och ut mot Göta älv i höjd med Tångudden. Där kommer hon på att hon kan be grannen Malin ta med barnen hem. Hon skickar genast ett meddelande till henne och ber att hon ska ta med Alicia och Mirjam hem, när hon hämtar sina egna barn. ”Trassel på jobbet” och en ledsen smiley lägger hon till. ”Hämtar upp dem hos dig så snabbt jag kan!” Innan Lisen hunnit till Lilla Varvet, vibrerar mobilen av Malins meddelande. ”Okej! Ingen brådska, har inget planerat för eftermiddagen eller kvällen.” Lisen känner hur ett leende breder ut sig i ansiktet och den lilla resten av dåligt samvete försvinner. När hon kommer till Röda Sten, unnar hon sig att sitta ner och snegla snett upp emot Götaälvsbron. Himlen är fortfarande blå men det börjar bli lite kallare i vinden. Hon är lite svettig och börjar frysa när hon sitter still. → 17

Drygt två timmar efter starten i Saltholmen, rundar Lisen hörnet på Malins hus och ringer på dörren. Inne hos Malin sitter Alicia och Mirjam med Malins söner Anton och Hugo vid köksbordet och lägger pärlplattor. Malin lagar middag och det doftar ljuvligt. Först nu känner Lisen hur hungrig hon är. ”Sätt dig!" säger Malin och pekar med träsleven mot köksbordet där barnen sitter och pärlar. "Jag har gjort mat så att det räcker till er också. Vill du ha något att dricka? Du ser lite … ledsen ut." Lisen nickar och vet inte hur hon ska reagera på så mycket förståelse och medkänsla. Alicia tittar kort upp och mumlar "Hej mamma" samtidigt som hon koncentrerat sätter en gul plastpärla vid en blå. Mirjam gräver i pärlburken efter rosa pärlor. "Kom!" ropar Anton plötsligt "jag ska visa er en sak i mitt rum!" och så försvinner alla barnen från köket.

GEOGRAFI **17**

Göta älv

Sverige har massor av vattendrag! På många ställen utvinner man energi. I de flesta vattendrag kan du både fiska och bada. Vi pratar sällan om floder, utan de stora kallar vi för älvar, de lite minde för åar och de riktigt små bäckar.

Göta älv startar i Sveriges största sjö Vänern, är 93 kilometer lång och rinner ut i Kattegatt vid Göteborg. Den är en del av vattenvägen Göta kanal som förbinder Kattegatt med Östersjön.

Lisen sitter vid köksbordet, dricker vattnet som Malin ställt framför henne och innan hon vet ordet av, så rinner allt ur henne. Hon berättar för Malin om hur det kändes i morse, hur hon skolkade från jobbet, hur hon träffade farbror Sjöström och hur tacksam hon var att Malin hade tagit med barnen hem. Lisen är förvånad över att hon är så ärlig, eftersom hon inte känner Malin så bra, men stämningen i köket gjorde att det kändes lätt att prata. Malin lyssnade, rörde i grytan och hackade sallad utan att fråga något.

När Lisen har berättat färdigt, ställer Malin ifrån sig den stora grytan på bordet, och ger henne en kram. "Och nu känns det säkert mycket bättre, eller hur?" Lisen nickar, ler och det känns som om Malin är hennes mamma som tröstar efter en dålig dag. "Lella hjärtat", säger Malin på bred göteborgska, "lämna dina sorger i svalen och knö daj ner här, lelle vän, så ska du se att det änna blir bra igen!" Lisen börjar gapskratta. Det låter så fruktansvärt roligt när Malin, som egentligen är ganska formell och väldigt ordentlig, som rektor på en gymnasieskola i stan, helt plötsligt och oväntat bräker på "götebosska".

"Och så tar vi oss ett glas vin. Det är ju faktiskt fredag och hög tid för fredagsmys!" → 18

ORDFÖRRÅD **18**

Göteborgarna är kända för sin humor. De är väldigt bra på ordvitsar och döper gärna sina byggnader till skojiga namn. Det gamla TV-huset kallades till exempel för "synvillan" och utomhusbassängen i frihamnen kallas för "Pöl Harbour".

Skämten från Göteborg har ofta Kal och Ada som huvudpersoner. Förstår du den här?

Ada hade varit sjuk och opererats för blindtarmen. Väl ute promenerade hon med Kal och i Slottskogen. Uppe vid vattentornet, där man ser ut över halva stan, satte de sig. "Vill du se var de opererade mig, Kal?" säger Ada. Kal blir genast intresserad och säger: "Ja, visst vill jag det!". "Där borta var det ..." säger Ada och pekar på Sahlgrenska sjukhuset.

Efter den goda middagen med Malin och alla de fyra barnen, som visserligen är hysteriskt fnissiga men uppför sig över förväntan bra, samlar Lisen ihop sina ungar, alla deras grejer och sig själv, för att gå hem. Malin kramar om henne när de står i hallen och trängs. Lisen känner sig varm och glad när hon stängt dörren efter sig. Hon ser hur barnen studsar trappan ner och känner sig som en nöjd och glad mamma igen.

GLOSLISTA

få nog, -r, fick, -tt	die Nase voll haben
frånvarande	abwesend
en stumpa, -or	kleines Ding
uppe i varv	aufgedreht
en mistlur, -ar	Nebelhorn
en nattblöja, -or	Windel für die Nacht
en utkik, -ar	Ausschau
omkringslängd	umhergeworfen
lagom	genau passend
en daggmask, -ar	Regenwurm
en pinn/e, -ar	Stöckchen
gnällig	quengelig
kläm/ma ner, -mer, -de, -t	reinquetschen
snubbla, -r, -de, -t	stolpern
bråttom	eilig
ett hoppsasteg, -	Sprungschritt
en napp, -ar	Schnuller (Schnulli)
högljudd	laut
ett markunderlag, -	Bodenbelag
ytterkläder (pl)	Kleidung für draußen
ångra, -r, -de, -t	bereuen
en spårvagn, -ar	Straßenbahn
avbruten	unterbrochen
kvarglömd	vergessen
skutta, -r, -de, -t	hüpfen
besviken	enttäuscht

natta, -r, -de, -t	ins Bett bringen
väck/a, -er, -te, -t	aufwecken
få lov, -r, fick, -tt	Erlaubnis bekommen, dürfen
en vik, -ar	Bucht
en brygga, -or	Bootssteg
dåsig	schläfrig, müde
ett lår, -	Oberschenkel
lurig	kniffelig
omhändertagen	gut aufgehoben, betreut
en durk, -ar	Bootsboden
skrocka, -r, -de, -t	glucksen
en rynka, -or	Falten
en kalufs, -er	Haarschopf
en bryggsegling, -ar	im Boot sein, ohne es vom Steg loszulassen
en svängom, -	eine Runde
skota hem, -r, -de, -t	anholen
kryssa mot vinden, -r, -de, -t	gegen den Wind segeln
njut/a, -er, njöt, -it	genießen
en förståelse, -r	Verständnis
(en) medkänsla	Mitgefühl
bräk/a på, -er, -te, -t	drauflosblöken
träng/as, -s, -des, -ts	drängeln

Diskussionsfrågor

1. Lisens morgon med barnen är ganska rörig. Gör en lista på de saker som Lisen gör som du tycker är bra och en lista på de saker som du tycker att hon borde ha låtit bli.
2. Skriv ett par meningar där du använder verben ”hinna” och ”slippa”!
3. Vilka svenska poeter, förutom Karin Boye, känner du till? Läs upp din favoritdikt!
4. Hur tror du att Petter och Lisens förhållande är?
5. I vilken situation skulle du kunna göra precis som Lisen och ”rymma” från din vanliga vardag? Vad skulle du göra om du skolkade en dag?
6. I saluhallen och i feskekörkan kan man bland annat äta lunch. Vilka typiska svenska maträtter känner du till?
7. Varför tror du att Lisen är så förtjust i båtar?
8. Vem är den gamle mannen hon träffar på Saltholmen?
9. Hur kommer det sig att Lisens dåliga samvete, för att hon hämtar barnen så sent från dagis, helt plötsligt försvinner?
10. Hur tror du att Malin och Lisens vänskap kommer att utvecklas?

VARBERG:
Älskar, älskar inte

Alex, 21, jobbar på hotellet
Sofie, 19, kollega
Agneta, 38, gäst på hotellet
Solveig Ström, 56, Alex mamma och en berömd konstnär

PERSONER

Unge Alex jobbar på hotell och trivs ganska bra, men ibland blir det komplicerat. Som när han tror att en av gästerna stöter på honom, samtidigt som han själv upptäcker att han är kär i sin kollega, som just då talar om för honom att hon blivit förälskad. Men i vem?

Alex var sen till jobbet så han trampade lite extra på cykeln. Om han skulle komma för sent till receptionen, skulle Eva bli sur. Det visste han. Han hade testat. Eva var en surkärring, tyckte Alex. ”Alexander!” utropade hon glatt, när han kom in på hotellet. Han var lite svettig och håret var platt av cykelhjälmen. ”Och alldeles i tid idag! Så bra att du kom ihåg att jag ska på barnkalas! Saga, mitt barnbarn du vet, fyller ju två år idag och jag har köpt …” resten av meningen hörde han inte eftersom han tog av sig tröjan och öronen var under tröjan. Telefonen ringde och Eva svarade professionellt ”Varbergs stadshotell och asian spa. Du pratar med Eva.” → 1

GEOGRAFI 1

Varberg ligger på västkusten, söder om Göteborg och norr om Halmstad, i landskapet Halland. Tätorten har ungefär 35 000 invånare. Det är en charmig småstad, med låga trähus i olika färger. På sommaren kommer många turister till Varberg. Naturen är omväxlande med både skog och åkrar. Det finns förstås också stränder och salta bad.

När man 1811 kom på att lansera det hälsosamma brunnsvattnet från Svartekällan, blev staden känd som kurort. Efter ett tag började man transportera brunnsvattnet in till stan och så småningom byggdes både varmbadhus och kallbadhus. På 1850-talet utvecklades Varberg till en badort med ångbåtsförbindelser både från Göteborg och Malmö i Sverige och Lübeck i Tyskland.

Nuförtiden kommer turisterna inte för att bli friska. På sommaren kommer de för att sola och bada i havet, på vintern går de på spa. Varbergs fästning är öppen året runt, precis som länsmuseet med attraktionerna "bockstensmannen" och "kulknappen". Dem kan du läsa lite mer om i en annan ruta!

När Eva lade på luren, stod Alex beredd att ta över ansvaret för receptionen. Medan Eva pratade i telefon, hade han hunnit springa bort till köket och hämta en kopp kaffe. Kaffet stod nu brevid datorn och doftade himmelskt. Det var augusti och fortfarande högsäsong på hotellet. Det kom många turister från Sverige men också från andra länder. Alex pratade engelska varje dag på jobbet. Det var många gäster som checkade in och ut, de hade frågor, ville ha tips eller bara prata bort en stund. Alex tittade ut genom fönstren och såg Varbergs torg breda ut sig framför hotellet. Han såg en pappa med sin pojke på trehjuling och en dam som rastade sin lilla tax. Han hoppades på en lugn eftermiddag och en ännu lugnare kväll. I väskan hade han en spännande deckare, som han gärna skulle läsa vidare i under kvällen.

"Hej Alex!" hörde han en ljus röst bakom sig. När han vände sig om, såg han att det var kollegan Sofie. Sofie var verkligen ingen surkärring! Hon var lite yngre än Alex, hade tagit studenten i juni och jobbade nu extra på hotellet, medan hon försökte komma på vad hon ville "göra med sitt liv". Precis som Alex egentligen, förutom att det för honom var lite längre sedan han tog studenten. Sofie hade smilgropar och rufsigt, mörkt, kort hår. Alex tyckte om henne och han gillade verkligen att arbeta tillsammans med henne. → 2

"Vilken tur jag har!" sa Alex med ett stort leende. "Att jag ska få jobba med min favoritkollega ikväll." Sofie log tillbaka, men sa inget. Hon såg bara lite hemlighetsfull ut. Alex blev nyfiken och försökte lägga armen om henne. Sofie tog ett steg åt höger och Alex arm hängde snopet i luften.

GRAMMATIK **2**

Rumsprepositioner: övning

Sätt in rätt preposition i luckorna!

1. Eva jobbar ____________ receptionen ____________ stadshotellet i Varberg.
2. Alex försöker flörta ____________ sin kollega Sofie, men hon är inte ett dugg intresserad ____________ honom.
3. Sofie brukar hälla mjölk ____________ kaffet. Hon äter gärna en knäckemacka ost ____________ ____________ kaffet.
4. Alex och Sofie står tillsammans ____________ disken i receptionen. ____________ disken står gästerna.
5. På torget ____________ hotellet, finns det en parkeringsplats för bilar och bussar.
6. Sofie tar fram sina solglasögon ____________ väskan.
7. Alex har lagt sin tröja ____________ garderoben.
8. Eva går ____________ ____________ dörren för att fira sitt barnbarns födelsedag.

Alex hann inte tänka mer på Sofie, eftersom det kom gäster som ville checka in på hotellet. Paret Krause från Kassel hade många frågor och de pratade bara tyska. Alex hade läst tyska tre år i skolan men tyckte inte att han var så bra på det. Han försökte förklara för herr och fru Krause var frukosten serverades, beställde fram extra kuddar och försäkrade dem om att minibaren var fylld. ”Aber natürlich!” svarade han på frågan om det gick att beställa extra badlakan. När paret äntligen försvunnit bort till hissen, tittade han efter vad Sofie gjorde. Sofie var upptagen med att checka in en äldre man i halmhatt och tunn ytterrock, under rocken syntes en grå kostym. Mannen var snyggt klädd och det såg dyrt ut, tyckte Alex. Mannen och Sofie pratade engelska med varandra och det lät som om han var britt. Alex funderade på om det var läge att fixa fram mer kaffe, när det kom fram en kvinna med en liten resväska till disken. Alex suckade och förstod att kaffet skulle få vänta.

”Välkommen till Varberg! Vad kan jag hjälpa till med?” sa Alex med ett professionellt leende till kvinnan med resväskan. ”Jo, oj, förlåt”, stammade hon och såg ut som om hon hade tänkt på något annat. ”Jag har bokat två nätter på hotellet och är intresserad av er spa-anläggning”, sa hon till slut. Alex nickade och fortsatte att le. Han undrade varför gästerna alltid trodde att han ville veta varför de var där. Det enda han funderade på just nu, var vad Sofies hemlighetsfulla leende kunde betyda.

Kvinnan däremot var väldigt intresserad av att prata med Alex, tydligen. Nu pratade hon om vilka sevärdheter det fanns. ”Jag tycker att det är spännande med historia”, sa hon, ”men jag tycker att det är ännu mer spännande med modern konst. Vilket är mest spännande, Varbergs fästning eller Varbergs konsthall?” Kvinnan gjorde en paus, och Alex förstod att han borde svara. Tyvärr hade han inte lyssnat så noga, så han visste inte riktigt vad han skulle svara. → 3

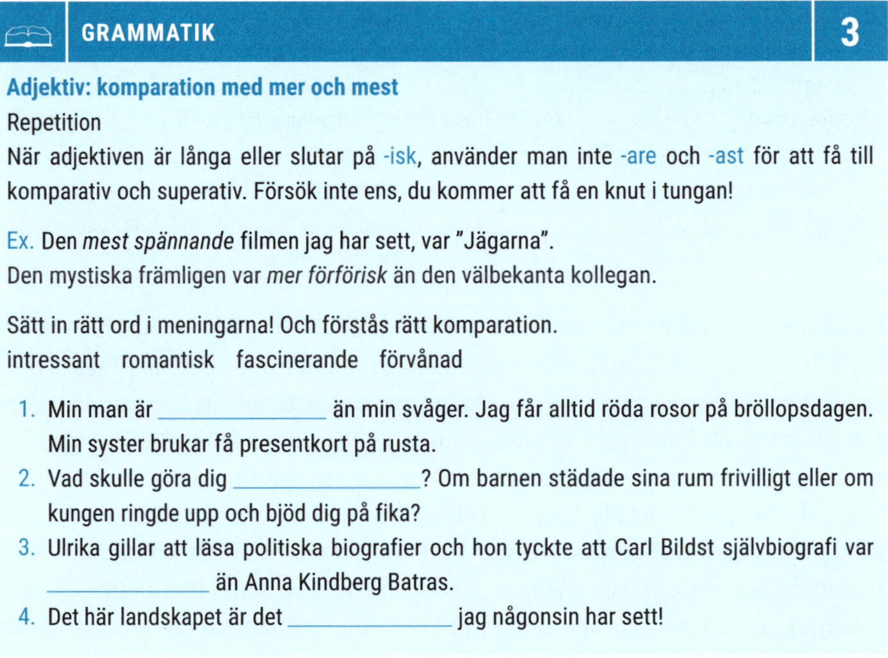

GRAMMATIK **3**

Adjektiv: komparation med mer och mest

Repetition

När adjektiven är långa eller slutar på -isk, använder man inte -are och -ast för att få till komparativ och superativ. Försök inte ens, du kommer att få en knut i tungan!

Ex. Den *mest spännande* filmen jag har sett, var ”Jägarna”.
Den mystiska främligen var *mer förförisk* än den välbekanta kollegan.

Sätt in rätt ord i meningarna! Och förstås rätt komparation.
intressant romantisk fascinerande förvånad

1. Min man är ______________ än min svåger. Jag får alltid röda rosor på bröllopsdagen. Min syster brukar få presentkort på rusta.
2. Vad skulle göra dig ______________? Om barnen städade sina rum frivilligt eller om kungen ringde upp och bjöd dig på fika?
3. Ulrika gillar att läsa politiska biografier och hon tyckte att Carl Bildst självbiografi var ______________ än Anna Kindberg Batras.
4. Det här landskapet är det ______________ jag någonsin har sett!

”Fästningen är öppen mellan klockan 10 och 18 under sommaren”, mumlade han och hoppades att svaret passade. ”Det finns ett arkiv också, om du är intresserad av Hallands kulturhistoria”, lade han till, lite modigare, eftersom kvinnan såg ut som om hon var nöjd med svaret. Hon sträckte fram handen över disken och sa ”Jag heter Agneta, förresten. Du kanske vill komma med till arkivet imorgon?” Alex var van vid att en del hotellgäster flörtade med honom, men en så tydlig inbjudan hade han aldrig fått förut. Han blev både generad och förvirrad. Var hon inte alldeles för gammal för att flörta med honom?!

Han tyckte att det var pinsamt och till råga på allt, kände han hur rodnaden spred sig i ansiktet. Han hade inte rodnat så sedan han var tolv år! Han sneglade åt Sofies håll, men hon var fortfarande upptagen med britten, så hon märkte inget. Agneta däremot log vänligt och sa: ”Jag förstår att du måste jobba! Men imorgon kanske?” Hon lyfte upp resväskan från golvet och såg sig omkring. ”Har ni ingen hiss?” Alex böjde sig fram över disken och pekade med hela handen och sa: ”Jo, där borta!”

När både Agneta och britten försvunnit, fick Alex och Sofie det lugnt en stund. ”Tror du att det kommer fler gäster i kväll?” frågade Sofie. Hon kollade i datorn för att se om det fanns fler reservationer. ”Det ser ju ganska lugnt ut nu. Det är bara två gäster kvar på listan med kommande. Herr Erlandsen från Oslo och Agneta Andersson.” Alex ryckte till. ”Men vänta, Agneta Andersson har precis checkat in. Har jag inte noterat det?” Sofie skakade på huvudet och skrev in namnet i datorn. ”Agneta, vad är det för namn egentligen? Finns det verkligen folk som heter så? Jag trodde att det inte var någon som fått det namnet sedan den där blonda ABBA-bruden.” Samtidigt som hon pratade, skrev hon in de uppgifter som saknades. ”Nu är det gjort!” sa hon glatt. ”Kaffe?” Alex nickade och såg hur Sofie försvann i riktning mot köket. → 4

FAKTA **4**

Agneta har namnsdag den 21 januari och det finns 33 500 personer som heter så i Sverige i dag. Det var ett vanligt namn fram till 1960-talet men under de senaste åren har det inte kommit in på listan med de 100 vanligaste förnamnen. Namnet betyder den rena, den kyska.

Den mest berömda personen med namnet Agneta, är kanske Agnetha Fältskog som var en fjärdedel av popgruppen ABBA. ABBA fick sitt internationella genombrott i melodifestivalen i Brighton 1974, som de vann med låter "Waterloo". Med sin lättillgängliga popmusik och sina fantastiska scenkostymer erövrade de hela världen. Med de båda filmerna Mama Mia 1 och 2 har de lyckats få den yngre publiken att uppskatta den trallvänliga popen från 70-talet. Den som är ABBA-fan har säkert inte missat ABBA-museet i Stockholm. Museet har en skojig slogan: "Walk in. Dance out" och var det första museet i Sverige som inte tog emot kontanter. https://www.abbathemuseum.com/sv

Alex såg efter henne. ”Hon verkar så glad. Och effektiv!” Han mindes hur osäker hon varit i början av sommaren och hur ofta han hade fått förklara bokningssytemet för henne. Hon var så rädd att göra fel att hon nästan inte vågade göra något alls. Nu var hon ett receptionsproffs och gästerna älskade henne. Och så var hon grym på franska och spanska. Och så den där söta lilla näsan ... Alex kom på sig själv med att tänka på Sofies fina, lilla uppnäsa med ett par fräknar på. Han blev förvånad över att han mindes exakt var fräknarna satt. I samma ögonblick förstod han att han faktiskt var kär i Sofie! Hon var inte bara en kollega för honom, utan hon var någon som han var förälskad i.

Han kände sig överrumplad och avslöjad när Sofie buffade honom i sidan och ordlöst sträckte över en full kaffekopp till honom. Han rodnade för andra gången på en kort stund. Han tänkte att Sofie ju måste se det på honom, att han var kär i henne. Men hon tittade inte ens på honom. Hon tittade rakt fram, ut genom fönstret, ut på det tomma torget. Utan att vända sig mot honom sa hon: "Vet du vad? Jag tror att jag är kär. På riktigt, alltså." → 5

ORDFÖRRÅD **5**

Det finns många verb för att *tycka om* på svenska!
Jag *tycker om* kanelbullar. Du *gillar* svart kaffe. Han *håller* av sin lillasyster. Hon *uppskattar* när barnen röjer upp på sina rum.

Om känslorna är starkare kan de här orden vara mer passande:
Alex är *kär* i Sofie. Hon är *förälskad* i någon annan.
Bruden och brudgummen *älskar* varandra!

Alex satte kaffet i halsen och började hosta. Sofie skrattade och dunkade honom i ryggen. "Men överdriv inte nu! Så konstigt är det väl ändå inte att jag blivit kär, eller?" Alex sa inget och såg bort mot entréen. Om bara den där Erlandsen kunde komma nu, så att han skulle få något att göra. Så att han skulle slippa stå jämte Sofie och känna sig dum. Han kände sig avvisad, ledsen och nästan chockad. Just när han kom på att han var kär i henne, så har hon redan träffat någon. Vilken usel tajmning! → 6

Sofie drack av kaffet och sneglade på Alex under lugg. "Vill du hänga med ut efter jobbet, ta en öl eller så?" Just då kom norrmannen Erlandsen med stora steg mot receptionen. Alex svarade inte på Sofies fråga utan tog hand om gästen istället. Det var skönt att få något att göra och slippa tänka på det där som Sofie berättat. Och varför vill hon ta en öl med honom, om hon nu precis har blivit kär? Och vem är det hon är kär i? Tänk om det är någon kollega på hotellet?! Erik, på spa-anläggning, till exempel! Eller den där grymt vältränade yoga-instruktören från Nevada, som Alex aldrig pratat med? Alex kände svartsjukan i kroppen, fast han artigt tog emot Erlandsen, skrev in honom i systemet, gav honom nyckelkortet och pekade ut var frukostmatsalen låg.

ORDFÖRRÅD **6**

Försvenskade lånord har det funnits i alla tider. När svenskan inspirerades av franskan fick vi orden entré, fåtölj, paraply, gratäng och sutteräng.
Nuförtiden är svenskan mer påverkad av engelska, så vi pratar om tajmning, att mejla och att gå på dejt.

Från tyskan har svenskan försvenskat ordspråket *Unkraut vergeht nicht* till "Ont krut förgås inte så lätt". Alla vet vad det betyder, men om man börjar fundera på vad de enskilda orden betyder blir det väldigt konstigt!

När han var klar, visste han inte vad han skulle göra. Sofie fanns ju fortfarande kvar där någonstans och hon väntade på ett svar. Om han ville hänga med på en öl eller inte. Alex satt kvar i receptionen och tog upp sin deckare ur väskan. Om det inte kom fler gäster, kunde han åtminstone låtsas läsa, för att slippa prata mer med Sofie.

Han hade precis tagit upp boken, då knackade det i disken. ”Hallihallå!” sa en glad röst. ”Får du verkligen betalt för att läsa eller har du egentligen redan slutat och inte gått hem än?” undrade Agneta Andersson och viftade med nyckelkortet. ”I så fall kan du följa med ut på stan och visa mig några bra ställen att ta en öl på!” Alex hade inte trott att den här kvällen skulle kunna bli så mycket jobbigare, men det kunde den tydligen. Han lade deckaren på en pall bakom sig, reste sig upp och gick fram till Agneta. Han förklarade att han måste jobba ett par timmar till och tackade vänligt men bestämt nej till att ta en öl. Agneta verkade inte särskilt ledsen för det, utan gick ensam ut på torget och försvann.

Resten av kvällen var lugn. Alex kunde läsa ett par kapitel i deckaren och Sofie hjälpte Ida i köket. Kallskänkan hade behövt hjälp med frukostförberedelserna och Alex hade sagt att det gick bra. När hans avlösning kom, smet han lättad i väg till cykeln utan att ha pratat mer med Sofie. Det började bli mörkt, så han satte på ljuset på cykeln och trampade hem till den lilla ettan på Sörse. → 7

GRAMMATIK 7

Substantiverade räkneord

Just den här delen av området räkneord behöver man inte så himla ofta, men det finns ett par tillfällen då det är bra att kunna.

Om du ska tala om hur stor din lägenhet är, brukar man använda sig av substantiverade räkneord. Alex har en etta, det betyder att han har ett rum och kök. Förmodigen har han ett badrum också. Det brukar lägenheterna i Sverige ha. Om man har fler rum, kan man ha en tvåa, en trea eller kanske en fyra eller femma.

Om du spelar fia med knuff, måste du slå en etta eller en sexa för att komma ut ur boet. "Fia med knuff" heter förresten "Mensch, ärger dich nicht!" på tyska.

Är du född 1977? Då är du helt klart en sjuttiosjua!

Nästa dag var Alex ledig och vädret var inte så fint. Regnet hängde i luften och han hade varken lust att gå till gym Atletica och träna eller ner på stan. På båda ställena skulle han träffa folk han kände och han hade ingen lust att snacka med någon. Det han brukade tycka var en fördel med hotelljobbet, att träffa många människor, tyckte han idag var en nackdel. Idag ville han bara vara ifred. Passande nog hade han bokat en tid i tvättstugan till idag. Han hade inte tvättat på över två veckor och hade mycket tvätt! Tvättkorgen i badrummet var full av många smutsiga plagg. → 8

ORDFÖRRÅD 8

Hur var det nu igen med **många** och **mycket**?

Det finns många träd i skogen. I princip kan du räkna antalet träd!
Bonden ägde mycket skog. Skogen är en "massa" och kan inte räknas.

Stryk över det som är fel!

1. Jag skalade många/mycket potatisar och gjorde många/mycket potatismos till min hungriga familj!
2. Är du inte klok? Vad ska du ha så många/mycket väskor till??
3. Jag är hungrig! Jag vill ha många/mycket mat!
4. Hur många/mycket mackor har du ätit egentligen?
5. Inte så många/mycket ... bara en fyra fem stycken, kanske.

OBS Undantag: Även om man kan räkna antalet pengar, så pratar man ändå om att någon har mycket pengar, om hen är rik.

När han efter ett par timmar var klar med tvättiden, hade vikt ihop alla kläderna och lagt in dem i skåpet och druckit alldeles för mycket kaffe, var han rastlös. Det kanske vore en bra idé att hälsa på mamma? Han hade inte varit där på flera veckor och bortsett från ett par flyktiga mess från mobilen när han egentligen gjorde något annat, så hade han inte hört av sig heller. → 9

GRAMMATIK **9**

Verb: pluskvamperfekt

Om du vill berätta vad som hände innan då (preteritum) behöver du använda pluskvamperfekt. Det är inte så ofta man behöver göra det, men om du skulle vilja, så är det lätt som en plätt! Du kan ju redan presens perfekt, har + supinum, eller hur? För att få pluskvamperfekt, byter du ut har mot hade, behåller supinum och så är det klart!

Exempel:

Hon hade studerat i tre år innan hon tog examen.
Han hade kokat fisken innan han åt den.
Barnen hade borstat tänderna innan de gick och lade sig.

”Hallå? Morsan?” ropade Alex när han kom in i hallen. Han tog av sneakersen utan att knyta upp skosnörena och sparkade iväg dem i hörnet jämte skohyllan, där mammas skor stod. ”Alexander?” Mamma kom ner för trappan och ut i hallen. Hon såg förvånat på honom. Hon hade målarkläder på sig och en pensel i handen. ”Har det hänt något? Vill du ha något att dricka? Jag skulle just sätta på kaffe.” Alex skakade på huvudet. ”Nej, det har inte hänt något. Hur så? Har du vin? Jag har redan druckit för mycket kaffe idag.” Mamma fortsatte ut i köket, matade kaffebryggaren med vatten och kaffepulver. ”Jag har inget vin, men det kanske finns en öl i kylen. Jag tror att Ville lämnade en där när han var här sist.” Ville var Alex storebror. Han pluggade ekonomi i Växjö, men hade tydligen varit hemma och kanske lagt öl i kylskåpet. ”Det är klart att det har hänt något”, fortsatte mamma. Kaffebryggaren puttrade hemtrevligt på köksbänken. ”Det är alltid något när du kommer. Ibland vet du det inte själv, men en mamma vet sånt.”

Hon skrattade och försökte nypa Alex i kinden. Alex visste att det var det hon skulle göra, så han vände snabbt bort huvudet. ”Morsan!” sa han låtsas-argt och satte sig på sin vanliga plats vid köksbordet. ”Är det jobbet? Har du tröttnat på hotellbranschen?” gissade mamma. ”Eller kärleken? Har du gjort någon med barn?" Alex suckade, han visste att hon inte skulle ge sig. "Har du bestämt dig för att komma ut? Gillar du egentligen killar?" Hon tog fram två kaffemuggar ur köksskåpet. "Trivs du inte i din etta längre? Vill du flytta från stan? Har du blivit vegetarian? Nykterist? Vunnit på lotto?"

Alex log, tog emot kaffemuggen fast han egentligen inte ville ha. "Vad målar du? Får jag komma upp i ateljén och titta?" Mamma tittade på honom. "Nej, försök inte! Först vill jag veta vad som har hänt och sedan tar vi ateljén. I precis den ordningen. Berätta nu!" Egentligen var det därför han hade gått hem till mamma istället för till gymmet där han hade träffat sina kompisar. "Äh, inget viktigt. Bara det att Sofie, hon den lilla mörka tjejen på jobbet, verkar ha träffat någon och nu har jag kommit på att jag är kär i henne. Och så måste jag jobba med henne, resten av sommaren. Fy fan!" Han började snyfta.

Mamma gick fram och tog hans huvud i famnen. Hon stod upp och han satt ner, så han lutade huvudet mot hennes mjuka mammamage. Det kändes skönt att gråta och det kändes skönt att mamma inte sa något. Hon bara höll om hans huvud och klappade honom över håret. "Och så var det en gäst i går, som stötte på mig." Alex skrattade till. "Hon är skitgammal, minst 40! Tänk om det bara är kärringar som tänder på mig?!"

Mamma släppte hans huvud och skrattade hon också. "Jo, så kan det ju vara. Du får väl börja ragga på Harry´s eller kanske direkt på Östergården där gammelmormor bor?" Alex log och tog en slurk av mammas alldeles för starka kaffe. Hon serverade köpta kanelgifflar direkt ur påsen. "Ska vi gå upp och kolla dina bilder nu då?" Mamma nickade och började redan i trappan på väg upp berätta om vad hon målade, till vilken utställning det var och en massa annat konstsnack som Alex inte förstod allt av. Det var tryggt att lyssna på mammas röst och hennes skratt gjorde gott. → 10

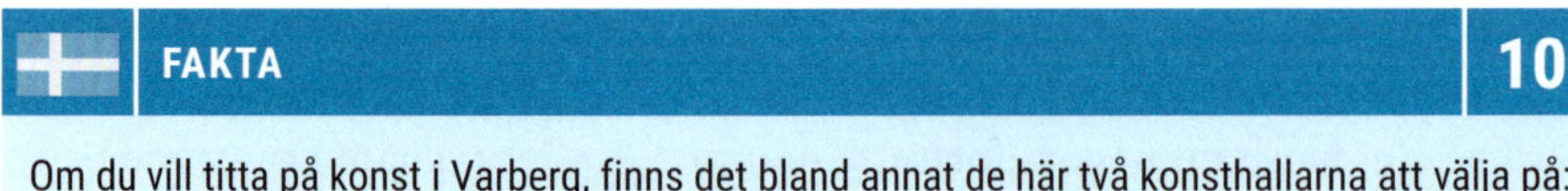

Om du vill titta på konst i Varberg, finns det bland annat de här två konsthallarna att välja på:

http://konsthallenhamnmagasinet.se/
http://kulturhusetkomedianten.se/varbergs-konsthall/

Båda har alltid fri entré.

Efter några timmar, tog han på sig sneakersen igen och smällde igen dörren till mammas hus på Blåklockestigen på Karlberg. Nu kände han sig faktiskt lite gladare. Klockan var snart nio, vädret hade klarnat upp så han bestämde sig för att ta en tur ner på stan i alla fall. Han cyklade direkt till Grappa. Han låste fast cykeln i en lyktstolpe en bit därifrån. Det var fortfarande ovanligt att det inte stod någon utanför dörren och rökte, tänkte Alex. Det var ganska mycket folk därinne och Alex gick runt för att kolla om det var någon han kände. Han hejade på några bekanta och gick fram till baren. Där jobbade Sebastian som Alex kände sedan förra sommaren. Då hade Sebbe jobbat i baren på hotellet. → 11

FAKTA **11**

Att det är det rökförbud inomhus på svenska restauranger och barer sedan 2005, har de flesta hunnit vänja sig vid. Sedan juli 2019 är det även förbjudet att röka på utomhusserveringar och utanför dörren på krogar och andra offentliga byggnader. Det är också rökförbud på lekplatser och fotbollsplaner. Det är för att skydda framförallt barn från passiv rökning.

”Tjena mannen!” ropade Sebbe och slängde fram handen till en check. ”Öl eller en gindrink, kanske?” Alex skakade på huvudet. ”Har du ett glas torrt, vitt vin?” Sebbe spärrade upp ögonen. ”Vitt vin? Vad är det med dig? Men, jo, det har jag. Går det bra med en tysk riesling? Den här har inslag av aprikos och citrus”, sa Sebbe och lät som en reklamfilm. Alex nickade, satte sig till rätta vid baren och såg sig omkring. Efter ett par minuter ställde Sebbe ett glas vin framför honom, sa ”skål” och började blanda kaffedrinkar till ett gäng fnittriga tjejer, som Alex tyckte såg väldigt unga ut. Själv tog han en klunk vin och såg sig omkring i lokalen. Ingen av hans vänner var där. → 12

FAKTA **12**

Alkohol med mer än 3,5 % kan man bara köpa på systembolaget. För att få handla där måste man vara 20 år. Om någon köper alkohol till en person som är yngre än 20 år kallas det langning och det är ett brott. Om man langar kan man få böter eller fängelse.
Ungdomar som fyllt 18 år får dricka alkohol på restauranger med serveringstillstånd.

Alex slängde några ord med Sebbe. Han hade mycket att göra och hade inte tid att snacka ordentligt. Alex tyckte att det var skönt att bara sitta där och kolla på folk. Det kalla tyska vinet var gott, men om det smakade aprikos och citrus, kände han inte. Plötsligt knackade någon honom på axeln. Han vände sig om och såg Agneta rakt i ögonen. ”Men hej!” ropade hon glatt. ”Jag tyckte att det såg ut som du bakifrån. Så kul! Får jag sätta mig hos dig?" Agneta såg förväntansfull ut. Hon hade en liten gul väska i en rem tvärs över magen och ett stort ölglas i handen. Alex blev förvånad av att se Agneta på Grappa. Han hade trott att hon mer skulle gilla, ja typ Harry´s. Men hon såg ut att trivas. Hon böjde sig fram för att överrösta musiken och berättade vad hon hade gjort under dagen. Han trodde att han inte var intresserad, men så började han lyssna. Agneta var bra på att berätta och Alex skrattade flera gånger när hon beskrev hur Bockstensmannen såg ut och vad hon hade tänkt på när hon såg den berömda kulknappen. Agneta vinkade på Sebbe och beställde ett glas vin till Alex och en stor stark till sig själv. → 13

FAKTA **13**

bockstensmannen och kulknappen

1936 hittade en 11-årig pojke en kropp i jorden när han hjälpte sin pappa att harva. När polisen kom, sa de att kroppen legat så länge i jorden att det inte var tal om att starta en mordutredning. Och ja, länge var det. Ungefär 700 år! Forskarna tror att den så kallade Bockstensmannen dog någon gång mellan 1350 och 1370. Sitt namn fick han av den plats där han hittades, Bockstens mosse.

Kroppen finns nu att se på Hallands museum, som ligger i Varbergs fästning. Kläderna är Europas enda fullständligt bevarade mansdräkt från medeltiden. Mannen satt fast i marken med tre pålar, en av ek och två av björk. Det gör att man idag tror att han blev mördad. På medeltiden trodde man att om någon blev mördad, kunde de gå igen för att hämnas på sin mördare. Om man pålade liket, så trodde man att liket skulle stanna i sin grav.

På samma museum kan du se den berömda "kulknappen". Det är den knappen som var omgjord till kula och som dödade kung Karl XII 1718 i Fredriksten i Norge. Då pågick det stora nordiska kriget (1700–1721) som startade med att Ryssland, Danmark-Norge och Polen-Sachsen startade krig mot Sverige.

Kungen sägs ha varit skyddad av gudomliga krafter och kunde bara dödas av ett av sina egna föremål, till exempel en knapp från hans uniform som gjorts om till en kula. Soldaten Nordenstierna tog med sig kulknappen tillbaka till Sverige. Han vågade inte behålla knappen eftersom han trodde att den skulle ge honom otur. Sedan 1932 kan man titta på den i Varberg.

När det hade gått ungefär en timme, smällde någon ett tomt ölglas i disken mellan Alex och Agneta. De ryckte till och såg förvånade upp. Ville! "Hej brorsan!" ropade Ville och klämde in sig mellan Alex och Agneta. Han tittade noga på Agneta, vände sig mot Alex. "Ska du inte presentera din nya …

bekantskap?" Alex mumlade: "Agneta, det här är min brorsa Ville. Ville, det här är Agneta. Hotellgäst." Villes ögonbryn åkte upp, nästan ända till hårfästet. "Jaha, jaså – du jobbar alltså fortfarande?" Alex skakade på huvudet och önskade att han bara skulle gå. Inte säga något taskigt eller förolämpa Agneta. Ville var en målinriktad student och hade alltid varit bra i skolan, men när det kom till mellanmänskliga relationer var han klumpig. Han kunde lätt säga något som folk blev sårade av utan att ens fatta det.

Med Alex var det tvärtom. Han var duktig på att få folk att känna sig bekväma i hans närhet, han hade många vänner kvar från skoltiden och lärde hela tiden känna nya. Hans bekantskapskrets var stor, till skillnad från Ville som i stort sett bara hade Max och Ebba, som han hade känt sedan han gick i högstadiet. Alex spanade ut i lokalen för att upptäcka någon av dem. Det var inte troligt att Ville skulle gå på krogen utan sällskap. Och jomenvisst, där borta skymtade han Ebba. Ebba stod och pratade med ... Sofie!

Alex blev varm och kall på samma gång. Han hade absolut ingen lust att prata med Sofie nu! Agneta och Ville samtidigt var illa nog, men Sofie dessutom, det skulle helt enkelt bli för mycket. Ville hade nog druckit mer än en öl, för han sluddrade. "Alex, kommer ni till morsan och äter frukost imorgon? Du och Agge, alltså?" Alex skakade på huvudet. "Agge?" Ville menade tydligen Agneta. Han puffade på henne med armbågen. "Du vill väl käka frukost med oss imorgon?" Agneta svarade bestämt: "Nej, jag äter frukost på hotellet. Det har jag redan bokat och det ser jag fram emot. Jag älskar att äta frukost på hotell! Kokt ägg med Kalles kaviar, färska frallor och fruktsallad." Alex sa snabbt: "Jag jobbar imorgon. Jag kan inte. Hur länge stannar du i Varberg? Bor du hos morsan?"

Ville lyssnade inte längre utan spanade efter Ebba istället. När Ebba tittade åt deras håll, viftade han med armarna överhuvudet som om han var i sjönöd och ropade. "Ebba! Här är vi! HÄR!!" Sofie sken upp när hon såg Alex och satte tillsammans med Ebba kurs mot bröderna. Alex kände paniken komma: han ville absolut inte prata med Sofie! Hon kom snabbt mot baren. Alex svepte det som var kvar i vinglaset och reste sig upp för att gå. "Nä, hörrni, jag går hem nu. Jag ska ju som sagt jobba imorgon." Sofie som hunnit fram till dem, såg besviken ut. "Går du nu, när jag kommer? Varför det?" Alex vinkade till Sebbe och försvann ut i augustikvällen. När han låste upp cykeln, hörde han att någon var bakom honom. Han vände sig hastigt om. Det var Sofie. Hon såg ledsen ut. Alex hoppade upp på cykeln och började trampa. "Vi ses på jobbet!" ropade han över axeln och trampade som en galning hem till Sörse.

På hemvägen grät han. Han grät över att Sofie hade någon annan och han grät över att han inte hade fattat att han var kär i henne lite tidigare. Han grät över att det nu var för sent. Det kändes som om huvudet skulle sprängas av tårar. Han kunde inte tänka på något annat än hennes söta näsa och hennes bruna ögon. → 14

FAKTA **14**

Sedan den 1 januari 2005 är det lag på att barn under 15 år, måste ha hjälm på sig när de cyklar. Det finns ingen lag som förbjuder folk från att fortsätta att ha hjälm även efter att de fyllt 15, faktiskt. ;-) Det är ganska många vuxna som använder cykelhjälm. En del använder den svenska uppfinningen "hövding". Den knäpps på som en sjal runt nacken och fälls ut som en krockkudde när det behövs.
Här kan du läsa mer om hur den fungerar och om de två tjejerna, Anna Haupt och Therese Alstin, som uppfann den. https://hovding.se/

Nästa morgon släpade Alex sig ur sängen. Han var trött och hade ingen lust att gå till jobbet. Han ville absolut inte träffa Sofie, men tyckte att det skulle bli kul att prata med Agneta igen. Hon var verkligen både rolig och smart! Dessutom hade hon en man och två små barn hemma i Västerås. Hon var inte ett dugg intresserad av att flörta med honom utan ville bara ha någon att hänga med, nu när hon var på semester på västkusten. ”Jag fick två nätter på hotell av min man i julklapp och nu tyckte jag att det passade att lösa in dem. Du fattar inte hur trött man blir när man har barn som aldrig sover ordentligt på nätterna!” hade hon förklarat för Alex igår, när de satt i baren på Grappa.

Hon hade berättat om sitt konstintresse och då hade Alex berättat att han vuxit upp bland målardukar och penslar. När Agneta fick veta att Solveig Ström var Alex mamma, blev hon glad och ivrig. ”Jag älskar hennes tavlor! Kan jag få träffa henne, tror du?” Alex hade ofta träffat folk på utställningar som talat om för honom att hans mamma var ett geni. När han var liten tyckte han att det var pinsamt, för honom var hon ju bara mamma och inget geni. Hon var absolut inget geni på att laga mat! Ibland när hon var i ateljén, glömde hon bort att laga middag. Ville och Alex lärde sig, att om de skulle få mat, var det bäst att ta hand om det själva. De turades om att laga mat. Ville hatade att stå i köket men Alex gillade det och i tonåren funderade han på att bli kock.

”Hej Alex! Tack för igår!” ropade Agneta tvärs över hotellobbyn när hon kom ut från frukostrummet. Alex tittade upp och log. Han förstod att Eva undrade vad Agneta menade, men brydde sig inte utan ropade tillbaka. ”Tack själv!

Det var kul igår. Vad ska du göra idag?" Agneta kom fram till receptionen. "Jag skulle gärna vilja träffa din mamma, men egentligen måste jag åka hem idag. Jag har precis pratat med min man, och han sa att allt var lugnt hemma och att jag gärna kan stanna lite längre. De är ute på hans föräldrars lantställe, så barnen saknar mig inte ens. Kan jag boka en natt till?" Alex tittade efter, vad som fanns ledigt. "Tyvärr, hotellet är fullbokat." → 15 → 16

FAKTA 15

I Sverige lär det finns mer än en halv miljon fritidshus och enligt statistiken har ungefär hälften av alla svenskar tillgång till ett sådant hus. Det måste inte vara deras eget, kanske är det föräldrarnas. Från början var en sommarstuga ett oisolerat hus som man flyttade ut till på sommaren. På vintern kunde man använda det för förvaring. Efter att många svenskar flyttade in till städerna under 1900-talet, behöll man dessa små gårdar och en del gjordes om till "fritidsjordbruk". Ungefär samtidigt dök sportstugor upp men idag brukar man kalla alla dessa sorters hus för fritidshus.

Lyckligt lottade svenskar med fritidshus, är ofta större delen av sin sommarsemester där. Idag är de flesta hus isolerade, har både vatten och avlopp, så man kan även fira jul där och åka ut under fler helger på året.

ORDFÖRRÅD 16

Fritidshus, sommarstuga och sportstuga är alla ord för den byggnaden man bor i när man inte är i stan och arbetar. Här får du lära dig fler ord för samma sak. Fyll i pluralformerna!

1. ett torp, flera ____________________
2. ett lantställe, flera ____________________
3. ett sommarställe, flera ____________________
4. ett sommarnöje, flera ____________________
5. en stuga, flera ____________________

Ibland säger man att man ska åka "till landet", när man menar att man ska ut till sommarstugan. Till det uttrycket finns ingen pluralform.

Agneta kunde inte dölja sin besvikelse och Alex såg att hon inte hade långt kvar till tårarna. Han sneglade efter Eva, sedan böjde hans sig fram till Agneta och viskade: "Du får min nyckel, så kan du sova hos mig en natt. Jag har en soffa som är helt okej att sova på. Jag messar morsan direkt, så kan hon säga när hon har tid att träffa dig. Okej?"

Agneta sken upp direkt. ”Åh, så snäll du är, Alex!” Alex blev generad. Han gillade ju Agneta och tyckte att de blivit kompisar. Han lät ofta kompisar övernatta på soffan och tyckte inte att det var något särskilt snällt med det. ”Jag checkar ut dig och så tar du min nyckel och åker upp med väskan till mig. Under tiden hoppas jag att morsan svarar, och sedan får vi se. Jag jobbar bara till klockan två idag, så du kan möta mig utanför i eftermiddag.”

Efter att han gett Agneta nyckeln och en vägbeskrivning till Sörse, jobbade han vidare. Det var mycket att göra och han hade inte tid att tänka vare sig på Sofie eller på Agneta. Vid tolv fick han ett mess från mamma ”Raggar du kunder åt mig? Jag trodde att det var dig hon var intresserad av ;-) Ta med henne hit i eftermiddag. Köp fikabröd, kaffe finns.” När han äntligen var klar strax efter två, väntade Agneta på honom utanför hotellet.

”Åh, jag är så nervös! Tänk att jag ska få komma hem till Solveig Ström! Min konstklubb kommer att dö av avundsjuka, när jag berättar det i höst!” Agneta var uppspelt och Alex tyckte att det var roligt att hon var så glad. ”Jag träffade din kollega, den där lilla söta, mörka tjejen nere vid kallbadhuset strax innan jag kom hit. Vad är det hon heter nu igen?” Alex stelnade till. ”Sofie? Träffade du Sofie vid kallbadhuset?” Agneta tittade förvånat på honom. ”Brukar hon inte vara där eller varför ser du så konstig ut? Har det hänt något?” Alex skakade på huvudet och hade inte alls någon lust att prata mer om vare sig Sofie eller kallbadhuset.

”Hon var inte ensam, ska du veta. Jag pratade lite med henne och hon hälsade till dig. Jag berättade hur gullig du är, som låter mig sova över hemma hos dig och att vi ska träffa din mamma idag!” Alex suckade djupt och tänkte på hur det hade låtit i Sofies öron. Alex gick med Agneta till bussterminalen och de hoppade på buss 2. ”Hon verkar vara upp över öronen förälskad, förresten!” lade Agneta helt onödigt till när de klev på bussen. ”Jo”, mumlade Alex, ”hon berättade det häromdagen.” ”Har du träffat honom?” undrade Agneta och satte sig på ett ledigt säte. Alex skakade dystert på huvudet. Agneta fortsatte, nästan utan att hämta andan.

”Det är den sötaste lilla valp jag någonsin har sett! Svart och lurvig, någon blandras, tror jag och han hör inte på henne det minsta. Han gör precis som han vill! Det kommer att ta evigheter för Sofie att få någon pli på honom. Jag tror inte ens att han är rumsren än. Men gud, så söt!” Alex spratt upp från sätet! ”Vad sa du? Har Sofie skaffat hund?! Är det den hon är kär i?” Agneta nickade. ”Jomenvisst är hon kär i den där lilla söta pälsbollen, det är hon verkligen!” → 17 → 18

ORDFÖRRÅD 17

Alla de här orden har med hundar att göra – sätt in dem i rätt mening!
valp husse matte koppel tik hanhund

1. Sofie har en söt liten ________________ som bara är ett par månader gammal.
2. Valpen heter Svante och är en ________________.
3. Sofie är Svantes ________________.
4. När ska man lära en hund gå med ________________?

Vad betyder de två orden som blev över?

GRAMMATIK 18

Om man har hund, måste man kunna imperativ. Omvandla verben till de former som fattas!

infinitiv	presens	imperativ
sitta	________	________
________	ligger	________
________	________	kom!

Dessutom kan det vara bra att lära hunden orden ”hit” och ”plats”, men det är inga verb.

Pälsbollen? Sofie är alltså kär i en HUNDVALP?! Hjärtat tog ett skutt och Alex vände sig mot Agneta. ”Du, jag kom just på något. Du kan åka till morsan själv. Hon vet ju att du kommer. Hoppa av vid Karlsbergsvägen och sedan kan du fråga någon, eller använd googlemaps! Här, ta med bullarna som jag fick av Ida i köket.” Han reste sig och skyndade fram till dörren. När bussen stannade vid biblioteket, kastade han sig ut. Han vinkade till Agneta, som satt kvar i bussen och såg förvånad ut. ”Hälsa morsan!” ropade han innan han började springa tillbaka mot stan, mot kallbadhuset. → 19

FAKTA 19

Det kallbadhuset som du kan se idag, byggdes 1903. De två första blev förstörda av de vilda stormarna på västkusten. Under 1990-talet renoverade man den vackra, gamla byggnaden och 1996 blev det invigning. Idag kan man ta ett dopp i havet, bada bastu och fika där året runt.

Här får du reda på de aktuella öppettiderna och priserna: http://www.kallbadhuset.se

Nere vid stranden, fick han syn på en tjej med en liten hund och rusade emot dem. Men när han kom närmare, såg han att det inte alls var Sofie. Hunden var söt, men varken svart eller lurvig. Han stod och tittade besviket efter dem, när någon ropade på honom. ”Alex! Skulle inte du hem till din morsa, med den där Agneta?” Sofie! Alex blev mjuk och varm i hela kroppen och innan han hann tänka efter, gav han henne en varm kram. ”Åh”, mumlade han i hennes hår ”du är kär i en hund.” Sofie kramade tillbaka och han kände mot sitt bröst att hon nickade. Plötsligt hörde de ett litet bjäbbande och tittade upp från kramen. Det var den lilla, svarta hunden som ville ha uppmärksamhet. Sofie lyfte upp den i famnen höll fram den mot Alex och sa: ”Alex, får jag presentera Svante, mitt livs kärlek? Svante, det där är Alex, honom måste du vänja dig vid. Han är nämligen min pojkvän!” → 20

FAKTA **20**

Alex och Sofie jobbar på Varbergs stadshotell som ligger vid torget mitt inne i Varberg. Här kan du läsa mer om det: https://www.varbergsstadshotell.com

GLOSLISTA

stöt/a på, -er, -te, -t	anbaggern
rasta, -r, -de, -t	Gassi führen
en tax, -ar	Dackel
en deckare, -	Krimi
en smilgrop, -ar	Grübchen
flörta, -r, -de, -t	flirten
hemlighetsfull	geheimnisvoll
snopen	verdutzt
en halmhatt, -ar	Strohhut
till råga på allt	noch obendrein
en hiss, -ar	Fahrstuhl
en fräkn/a, -or	Sommersprosse
överrumplad	überrumpelt
avslöjad	enthüllt
avvisad	abgelehnt
(en) svartsjuka	Eifersucht
en kallskänka, -or	Kaltmamsell
en tvättstuga, -or	gemeinsame Waschküche
lätt som en plätt	super einfach
nyp/a, -er, nöp, nupit	kneifen
låtsas-arg	so tun, als ob man sauer sei
kom/ma ut, -mer, -mit	erzählen, dass man homosexuell ist
snyfta, -r, -de, -t	schluchzen
en gammelmor/mor, -mödrar	Uroma
en slurk, -ar	Schluck
en lyktstolp/e, -ar	Laternenpfahl
vänj/a sig vid, -er, vande, vant	sich an etwas gewöhnen
harva, -r, -de, -t	eggen
taskig	gemein
klumpig	ungeschickt
sluddra, -r, -de, -t	nuscheln, lallen
(en) sjönöd	Seenot
en krockkudd/e, -ar	Airbag
en besvikelse, -r	Enttäuschung
ragga, -r, -de, -t	aufreißen, anmachen
uppspelt	aufgedreht
dyster	trübsinnig
lurvig	zottelig
få pli på, -r, fick, -tt	Schliff beibringen
rumsren	stubenrein
en pälsboll, -ar	Fellkugel
en bastu, -r	Sauna
bjäbbande	kleines Bellen

Diskussionsfrågor

1. Berätta om hur du uppfattar Alex! Vilken sorts person tycker du att han verkar vara?
2. Det förekommer ett par hundar i texten. Hur många hundraser känner du till på svenska? Ta reda på vilken hundras som är mest populär i Sverige!
3. Alex försöker flörta med Sofie. Han tror att Agneta flörtar med honom. Det verkar som om han inte är så bra på det där. Ge honom dina bästa flört-tips!
4. Alex blir väldigt rastlös på sin lediga dag. Vad tycker du att han ska göra efter att han är klar i tvättstugan?
5. Vad jobbar Alex mamma Solveig med?
6. Vad är Grappa för ett ställe, tror du? Berätta med egna ord om vad som hände där!
7. Ville är inte särskilt lik sin bor Alex. Tänk ut adjektiv som beskriver bröderna och försök att ordna dem i motsats-par. (Ex. ung / gammal, lång / kort)
8. Varför låter Alex Agneta övernatta på soffan?
9. Vad är det som får Alex att hoppa av bussen och låta Agneta åka ensam till Solveig?
10. Vem är det Sofie är kär i, egentligen?

BORÅS: Nostalgitripp

PERSONER

Anette, 56, barnlös journalist
Moa, 17, brorsdotter
Anders, 56, tvillingbror och pappa
Kicki, Moas döda mamma

Anders ber Anette titta till Moa. Han är orolig eftersom han inte vet vad hon sysslar med och tycker att han tappat kontakten. Moa och Anette har något gemensamt: deras mammor dog tidigt och de har växt upp med sina pappor.

Anette gick upp för trappan till Bäckängskolan. Till vänster stod den fiolspelande statyn, precis som vanligt och runt omkring i rabatterna stod höstresterna av något oidentifierat vildvuxet. Hon öppnade dörren och på något magiskt vis, var hon direkt tillbaka i sin egen skoltid. Dörren kändes precis som den brukade i handen och det luktade precis som det hade gjort på 80-talet. Anette tänkte att det var en särskild skollukt, kanske var det en blandning av tonårssvett, kokt potatis och damm som luktade. → 1 → 2

FAKTA 1

Bäckängsgymnasiet byggdes 1901. Då hette det Borås högre allmänna läroverk. Idag finns det fem olika gymnasieutbildningar att välja på: designprogrammet, estetiska programmet, humanistiska programmet, naturkunskapsprogrammet och samhällsvetenskapsprogrammet. Alla utbildningarna gör det möjligt att studera vidare på universitetet.

Det finns många elevföreningar på skolan, bland annat EOS som är skolans äldsta. Om du gillar att fika till exempel, kan du gå med i BFF (Bäckängs Fikaförening) eller kanske KK (Kaffeklubben).

Här kan du läsa mer om skolan: http://backangsgymnasiet.se/

PS: Fiolspelaren heter "Folkvisan" och konstnären som gjorde den hette Eric Grate. Den har stått på samma plats sedan 1949.

GEOGRAFI 2

Borås ligger i landskapet Västergötland och har ungefär 73 000 invånare. Staden grundades 1621 av kung Gustav II Adolf.

Staden var tidigare känd för sin textilindustri men idag finns det inte så många syfabriker kvar. Borås är stolt över sitt textila arv och har en berömd designskola där man lär sig just att designa kläder. Den heter Textilinstitutet. I staden finns det flera företag som designar kläder, till exempel Gina Tricot.

Hon gick inte längre in i byggnaden, utan väntade precis innanför dörren på sin brorsdotter Moa. Anette tänkte bjuda henne på lunch och hoppades att det skulle bli trevligt. Moa var 17 år och gick andra året på det estetiska programmet och hade förmodligen andra intressen än gamla fastrar, tänkte Anette. Moas pappa Anders hade bett Anette om hjälp. Han var orolig för vad som hände i dotterns liv men sa att han inte kunde prata med henne längre. Bara de såg varandra började gap och skrik, påstod han. Anette undrade lite, varför Anders trodde att hon skulle lyckas bättre än han själv. Hon hade ingen som helst erfarenhet av varken barn eller ungdomar. Hon själv var singel och hade inga barn, men tyckte inte att hon kunde neka brorsan den tjänsten han bad om. Anette hade messat Moa och frågat om hon hade tid för en lunch på torsdag. Anette hade tänkt, att förr brukade det vara soppa i matsalen på torsdagar och då borde det vara lätt att locka med Moa ut på stan för att få något annat att äta. Moa hade svarat ganska snabbt, att jo, visst hade hon lust och torsdag var en bra dag. Hon hade lång middagsrast. Ojdå, tänkte Anette, som hade föreställt sig en snabb lunch på någon pizzeria på Åsbogatan. Moa har inte bara lust att käka något annat än soppa med sin faster, utan hon har dessutom lite extra tid. Anette blev både smickrad och orolig samtidigt. Tänk om Anders hade rätt i att vara orolig? Tänk om Moa verkligen hade något viktigt att prata om? Anette hade haft lite ont i magen ända sedan hon läst Moas svar i förrgår. → 3 → 4

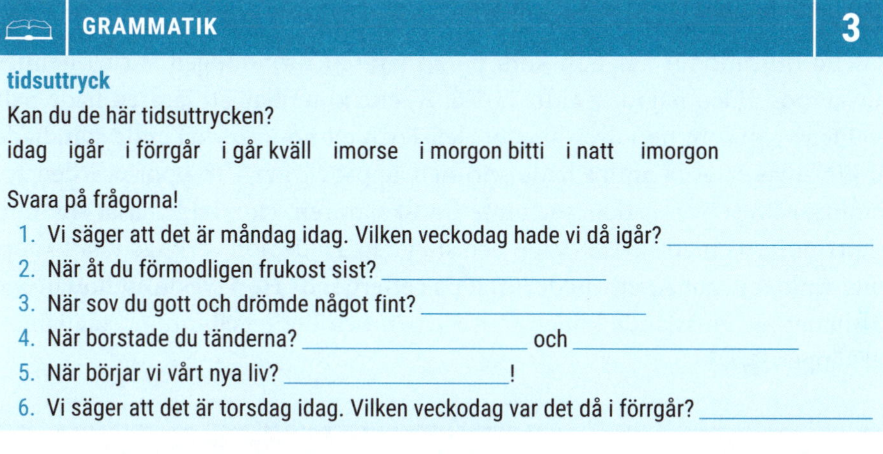

GRAMMATIK 3

tidsuttryck

Kan du de här tidsuttrycken?

idag igår i förrgår i går kväll imorse i morgon bitti i natt imorgon

Svara på frågorna!

1. Vi säger att det är måndag idag. Vilken veckodag hade vi då igår? __________
2. När åt du förmodligen frukost sist? __________
3. När sov du gott och drömde något fint? __________
4. När borstade du tänderna? __________ och __________
5. När börjar vi vårt nya liv? __________!
6. Vi säger att det är torsdag idag. Vilken veckodag var det då i förrgår? __________

GRAMMATIK 4

Verb: pluskvamperfekt

Repetition

Det är inte jätteofta som man behöver pluskvamperfekt, men om du vill berätta om något som hände innan en bestämd tidpunkt i då-tid, då är det bra att veta hur man gör.
Du använder supinumformen av verbet och har hade som hjälpverb.

Exempel:

- Moa hade svarat ganska snabbt. Anette tänkte på vad som hände i förrgår.
- Anette hade också bott i Borås, när hon gick på Bäckängsgymnasiet.
- När Anette hade messat Moa, tänkte hon på vad de skulle prata om hela kvällen.

Magvärken var som bortblåst, bara hon kom innanför dörrarna på sin gamla skola! Hon var ingen småtjock 50-plus-tant längre, med bekväma jeans och skor med ordentlig sula. Nej, här var hon magiskt nog 18 år och hade nyblonderat hår. Hon hade på sig en prickig klänning med massor av volanger som hon sytt själv och spetsiga skor med liten klack. Skorna hade hon köpt i en secondhandaffär för 50 kronor. Hon skrattade till och undrade om Moa skulle märka förvandlingen, men förstod att det skulle hon inte. 17-åringar kan inte se det jämnåriga i 50-plus-tanter. Det hade Anette inte heller gjort när hon var ung.

Anette tänkte på en franskalärare hon hade haft när hon själv var elev här. Som hon mindes det, så var läraren urgammal, jättetjock och fruktansvärt tråkig. Det hade varit omöjligt att föreställa sig henne som något annat än urgammal, jättetjock och fruktansvärt tråkig. Att hon också hade varit ung och fylld av drömmar, det hade varken Anette eller hennes klasskompisar kunnat tänka sig. De var själva så fulla av ungdom och trodde att det alltid skulle vara så. De hade inte förstått att man bär alla sina åldrar i sig.

Anette fnissade till när hon kom på att läraren förmodligen varit i hennes nuvarande ålder, några år äldre än 50. Anette kom ihåg att läraren hade haft en liten vagn som hon drog sina böcker i och att hon var den enda som hade använt hissen. Alla andra hade sprungit upp och ner i trapporna i den tre våningar höga byggnaden, men inte franskaläraren. Hon hade hasat sig fram i korridorerna med sin lilla vagn och sin käpp. Hade hon verkligen haft käpp, eller var det något Anette hade hittat på i efterhand? Hon tyckte att hon hörde hasljudet, de gnisslande hjulen från vagnen och det regelbundna smällandet av käppen. → 5

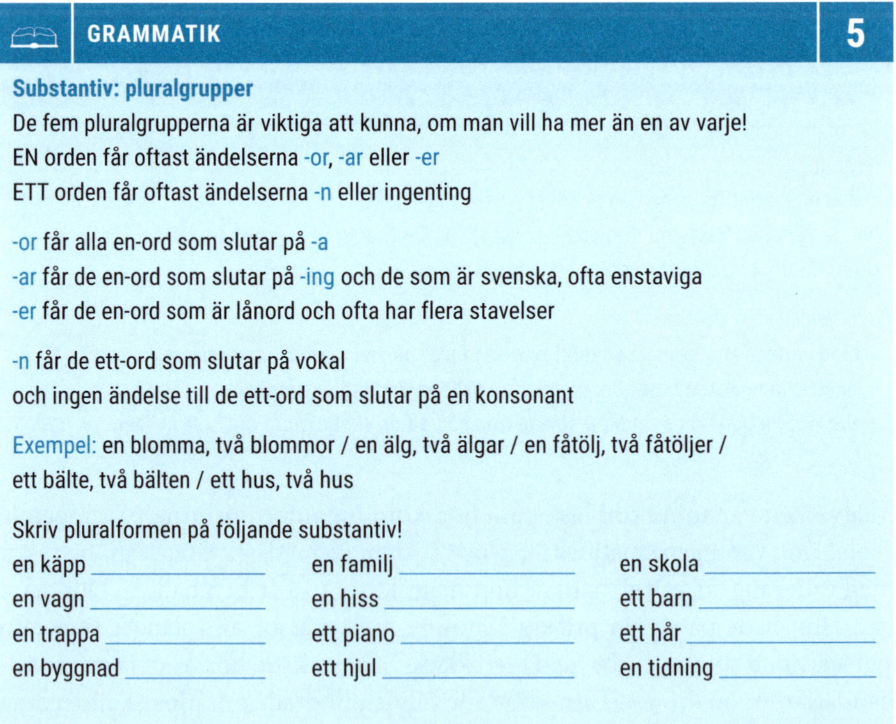

GRAMMATIK **5**

Substantiv: pluralgrupper

De fem pluralgrupperna är viktiga att kunna, om man vill ha mer än en av varje!
EN orden får oftast ändelserna -or, -ar eller -er
ETT orden får oftast ändelserna -n eller ingenting

-or får alla en-ord som slutar på -a
-ar får de en-ord som slutar på -ing och de som är svenska, ofta enstaviga
-er får de en-ord som är lånord och ofta har flera stavelser

-n får de ett-ord som slutar på vokal
och ingen ändelse till de ett-ord som slutar på en konsonant

Exempel: en blomma, två blommor / en älg, två älgar / en fåtölj, två fåtöljer /
ett bälte, två bälten / ett hus, två hus

Skriv pluralformen på följande substantiv!

en käpp ______	en familj ______	en skola ______
en vagn ______	en hiss ______	ett barn ______
en trappa ______	ett piano ______	ett hår ______
en byggnad ______	ett hjul ______	en tidning ______

”Nettan!” ropade Moa och sprang mot henne. Moa hade en svart, tjock vinterjacka i famnen och en färgglad halsduk om halsen. Den såg hemstickad ut, tyckte Anette. Men vem kunde ha stickat den? Moas mamma var ju död sedan flera år, och hon hade förresten inte stickat när hon levde heller. Anette kände sig plötsligt ledsen. När hon var i Moas ålder var hon också en unge utan mamma, utan att någon stickade till henne eller följde med och köpte kläder eller vad nu mammor gjorde med sina tonårsdöttrar. Anette hade ingen aning, precis som Moa hade hon inte haft någon mamma när hon var tonåring. Moa kramade sin faster med ena armen och sa förväntansfullt: ”Vart ska vi gå? Gillar du thaimat? Eller vad vill du äta?”

Anette log och kände sig nästan lite förväntansfull hon också av Moas synliga glädje. Hon skämdes över att hon aldrig kommit på idéen själv, att bjuda ut Moa på lunch, att Anders hade behövt be henne om det. → 6

FAKTA **6**

Många restauranger i Sverige erbjuder ”dagens lunch” och det brukar vara en varmrätt, en sallad, bröd, smör och en dryck. Ofta får man även kaffe efter maten. För det mesta kostar det lite mindre än 100 kronor.

Halva skolan verkade rata skolbespisningen och eleverna vällde ut för trappan och ner mot stan. Moa hade tagit på sig sin vinterjacka och hakat in sig under Anettes arm. Hon vinkade glatt till ett par kompisar som gick förbi och ropade: ”Nej, jag går inte med er till Thai Van Anh idag. Jag ska käka med min faster!” Anette tänkte, att det kanske inte fanns några pizzerior på Åsbogatan längre. Det kanske bara var thaimat överallt?

Moa styrde Anette förbi biblioteket, nerför trappan till Sturegatan. ”Nu vet jag vart vi ska gå! Är det okej att vi går till *Grill och gryta*? Du gillar mellanösternkäk, va?” försäkrade hon sig. Anette nickade. ”Javisst. Det blir bra. Är det långt? När måste du vara tillbaka i skolan?” Hon ångrade sig så fort hon hade sagt det där sista. Det lät som om hon ville få lunchen avklarad så snabbt som möjligt och det är inte så man bygger förtroende. Det hade hon lärt sig under alla år som journalist. Om hon hade för bråttom, stressade på den hon intervjuade, fick hon inte veta hälften så mycket som de gånger som hon tog det lungt. ”Det ligger på Bräckegatan och jag har håltimme efter lunchen. Det är lugnt”, svarade Moa.

De bestämde sig för att ta en grillbricka istället för dagens och när de hade all maten på bordet sa Moa plötsligt: ”Det var pappa som bad dig att ta med mig på lunch, va? Är det han som betalar också?” Anette stannade upp med en brödbit doppad i hummus och tittade rakt på Moa. Hon kände att det inte var någon idé att varken slingra sig eller ljuga, då skulle den här stunden bli helt förstörd. ”Äh,” stammade hon ”jo, Anders ringde. Det gjorde han.” Hon stoppade in brödbiten munnen och lade till. ”Men han betalar inte. Och du kanske har en teori om varför han bad mig?” Moa suckade och lade ner sina bestick. ”Teori och teori. Du menar något annat än att han inte vet hur man pratar med tjejer om mens och att han inte kan ersätta mamma?” Moa suckade igen. ”Mens fick jag faktiskt när jag var tolv, och då levde mamma fortfarande. Men det är som om han har fått för sig att mens är det enda man skulle prata med en mamma om. Och eftersom jag inte har en mamma, så måste jag ju vara helt störd av allt mensprat som jag inte kan få ur mig.”

Anette log och kunde mycket väl tänka sig att det var så Anders tänkte. ”Har någon sagt att du aldrig kommer att få sminktips av din mamma? Det sa en moster till mig efter att vår mamma dött”, sa Anette trött. Moa drog på munnen. ”Nej, det har ingen gjort. Och vem skulle vilja sminka sig som min mamma? Har du sett bilden på när hon var ung hade grön och lila ögonskugga?” Anette satte ner sitt dricksglas och sa: ”Ja, det har jag. Det var förmodligen jag som tog den. Ögonskuggan hade hon köpt i London. Det var Mary Quant. Fattar du vad dyr den var? Vi var studenter då och vi tågluffade i fyra veckor. Vi hade inte mycket pengar, men Kicki skulle absolut ha den där ögonskuggan. Hon åt varken kvällsmat den dagen eller frukost nästa, för att spara.” Moa stirrade på Anette. ”Jag hade glömt, att du kände mamma innan jag föddes. Ja, innan pappa och mamma kände varandra. Nu är det ingen som känner henne. Nu är hon … bara död.” → 7

För andra gången denna lunch, skämdes Anette. Hur hade hon kunnat lämna Moa, när Kicki dog? Kicki var ju inte bara hennes svägerska, utan hade under många år varit hennes allra bästa vän. De hade träffats 1985, första dagen på journalisthögskolan. Båda var unga, nervösa och nya i Lund. Ingen av dem hade någon erfarenhet av studentlivet men båda hade haft huvudet fullt av planer på att göra karriär och drömmar om livet. Men det som gjorde att de klickade direkt med varandra, var att de tydligen var de enda två te-drickarna i detta hav av kaffedrickande blivande tidningsmurvlar. → 8

Anette föredrog precis som Kikki earl grey med lite mjölk, men inget socker. Efter första läsåret hade båda redan tröttnat på livet i varsin studentkorridor och bestämde sig för att hyra en lägenhet ihop i stället. De hittade en trea i akut behov av renovering, som de fick hyra i andra hand. De bodde kvar där ända tills de båda tog examen just innan 80-talet blev 90-talet. Vid det laget hade Kicki träffat Anettes tvillingbror Anders ett par gånger, Anettes pappa, några av kusinerna och många av det gamla kompisgänget från Bäckängsgymnasiet. Anette kände Kickis familj, hennes kompisar och de hade många gemensamma studievänner. Examensfesten hölls i den gemensamma trean och var samtidigt en avskedsfest. Varken Anette eller Kicki tänkte stanna i Lund.

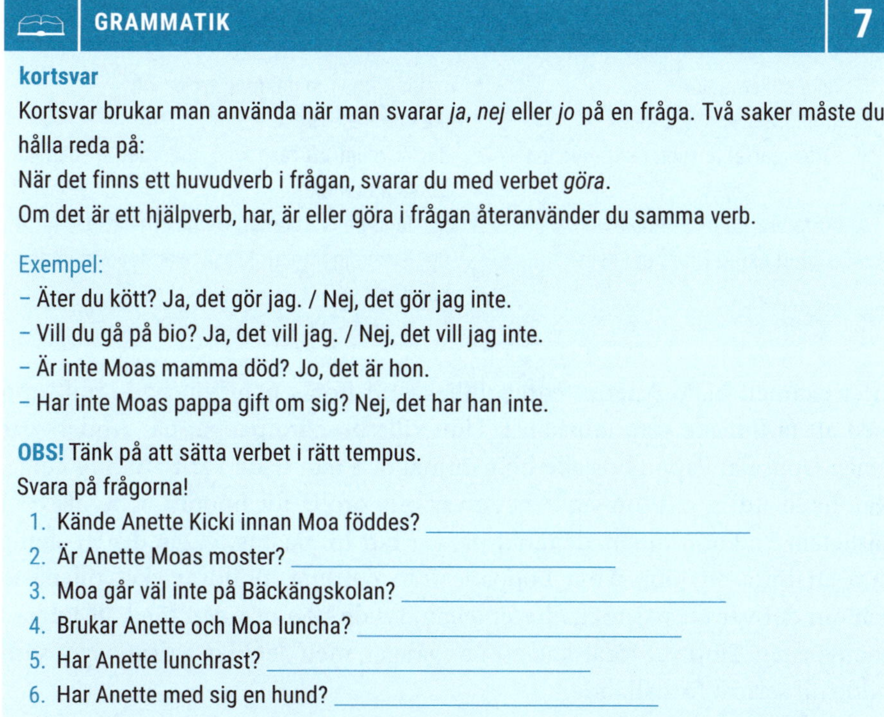

GRAMMATIK **7**

kortsvar

Kortsvar brukar man använda när man svarar *ja*, *nej* eller *jo* på en fråga. Två saker måste du hålla reda på:

När det finns ett huvudverb i frågan, svarar du med verbet *göra*.

Om det är ett hjälpverb, har, är eller göra i frågan återanvänder du samma verb.

Exempel:

- Äter du kött? Ja, det gör jag. / Nej, det gör jag inte.
- Vill du gå på bio? Ja, det vill jag. / Nej, det vill jag inte.
- Är inte Moas mamma död? Jo, det är hon.
- Har inte Moas pappa gift om sig? Nej, det har han inte.

OBS! Tänk på att sätta verbet i rätt tempus.

Svara på frågorna!

1. Kände Anette Kicki innan Moa föddes? ______________________
2. Är Anette Moas moster? ______________________
3. Moa går väl inte på Bäckängskolan? ______________________
4. Brukar Anette och Moa luncha? ______________________
5. Har Anette lunchrast? ______________________
6. Har Anette med sig en hund? ______________________

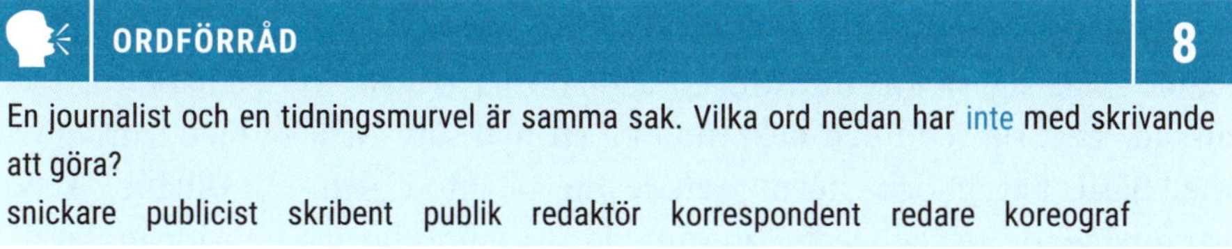

ORDFÖRRÅD **8**

En journalist och en tidningsmurvel är samma sak. Vilka ord nedan har inte med skrivande att göra?

snickare publicist skribent publik redaktör korrespondent redare koreograf

Anders bodde i Uppsala på den tiden och studerade till ingenjör. Anette hade ägnat många timmar åt att analysera hans flickvän Jasmin med Kicki. ”Hon är alldeles för snygg för brorsan!" hade hon sagt en gång. Kicki hade skrattat sitt hesa skratt och undrat hur det kunde vara en nackdel. Anette hade försökt att förklara att ordspråket "kaka söker maka" var något man skulle tänka på. Kicki hade skrattat åt henne och sagt att det var dags att låta brorsan ta sina egna beslut. Kicki hade fått erbjudande om ett vikariat på en tidning i Uppsala, så på examensfesten frågade hon Anders om hon kunde få bo hos honom tills hon hittade något eget. Det fick hon. → 9

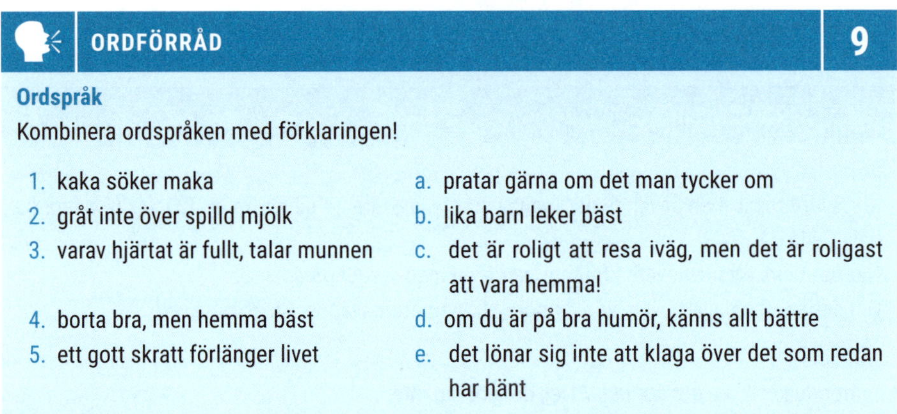

ORDFÖRRÅD **9**

Ordspråk

Kombinera ordspråken med förklaringen!

1. kaka söker maka
2. gråt inte över spilld mjölk
3. varav hjärtat är fullt, talar munnen
4. borta bra, men hemma bäst
5. ett gott skratt förlänger livet

a. pratar gärna om det man tycker om
b. lika barn leker bäst
c. det är roligt att resa iväg, men det är roligast att vara hemma!
d. om du är på bra humör, känns allt bättre
e. det lönar sig inte att klaga över det som redan har hänt

Efter examen hade Anette flyttat tillbaka till Borås och hon hade fullt upp med att få fotfäste som journalist. Hon ville bo nära pappa, när Anders var kvar i Uppsala. Pappa började bli gammal och han hade varit änkling länge. Han hade aldrig gift om sig. Anette var ofta orolig för honom och ville bo i närheten. Vad hon inte hade tänkt på, var hur himla ansträngande det skulle vara att hitta ett jobb. Hon hoppade från det ena föräldravicket till nästa och om det var ett par månader emellan, fyllde hon ut tiden med att jobba i hemtjänsten. Hon var förälskad ett par gånger, men det blev aldrig något som ledde till seriöst förhållande.

Den enda gång hon varit kär på riktigt, var när hon blev kär i sin chef på hemtjänsten. Han var tio år äldre och tyvärr redan gift. Han lovade att han skulle skilja sig, så fort minstingen hade börjat skolan. Anette hade varit förälskad, känt sig sedd och bekräftad på ett nytt sätt. Men så blev frun gravid med fjärde barnet och chefen pratade om "tålamod" och "rätt tillfälle". Anette var förstående, teg och led. Hon väntade, var tålmodig och tappade under den här tiden kontakten med många av sina vänner. De som hon hade berättat sanningen för, började tycka att hon skulle göra slut och gå vidare. Han skulle aldrig lämna sin fru och sina barn, sa de. Anette visste att de hade rätt, men kunde inte ta konsekvenserna av det, utan hon stängde in sig i sin lilla etta på Göta och mådde dåligt.

Under den här tiden hade hon hört att Anders gjort slut med Jasmin, men det kändes inte viktigt längre. Hon hade också hört från Kicki att hon trivdes i Uppsala och hade fått sitt vikariat förlängt, men hon kom inte ihåg var Kicki jobbade. Anette hade inte ens frågat var hon bodde och om hon gillade jobbet. Anette hade fullt upp med att gråta, må dåligt och så jobbade hon natt på hemtjänsten.

En förmiddag i mars, ringde det på dörren. Anette hade som vanligt jobbat natt och drog med en svordom täcket över huvudet och tänkte absolut inte öppna. Men det ringde igen. Och igen. När hon svept täcket om sig och gått till dörren för att ge den där idioten som stod utanför en utskällning, blev hon väldigt förvånad. Där stod nämligen Anders och Kicki, hand i hand och strålade. Anette fattade ingenting, men tog ett steg åt sidan och släppte in dem i lägenheten. ”Men herregud!” ropade Kicki, ”du borde vädra!” Hon drog upp persiennerna och öppnade alla fönster. Hon fortsatte in i köket. ”Anders!” ropade hon igen, ”kan du bära ut soporna? De stinker!” När Anders var ute med soporna, berättade Kicki att hon och Anders hade blivit kära och att det var därför det tagit slut med Jasmin. ”Så du borde tacka mig”, skrattade Kicki. ”Ingen mer fin-Jasmin på släktkalasen längre utan nu är det gamla Kickan som gäller!” → 10

Man skulle kunna säga att Kicki och Anders kom in i Anettes liv och styrde upp det hela. Det skulle hon alltid vara tacksam för! De såg till att hon blev sjukanmäld från hemtjänsten och slapp träffa chefen. Då gick det lättare att bryta förhållandet. Kicki såg till att hon sökte skrivjobb. Efter något år, var Anette på fötter igen och hade ett fast jobb som journalist på Borås Tidning. Ungefär samtidigt som Anders och Kicki förlovade sig och flyttade ner till Borås från Uppsala, lämnade Anette sin etta på Göta och flyttade in i en rymlig trea i villastan. Där bodde hon fortfarande. Fortfarande ensam, för efter hemtjänstchefen hade hon haft svårt att släppa någon nära.

”Nettan?!” Moa knackade med glaset i bordet. ”Hallå?! Var är du? Du försvann. Du lyssnar inte och du svarar inte heller.” Anette ryckte till och kom tillbaka till restaurangen. ”Oj, förlåt. Jag började tänka på din mamma. På hur Kicki och jag träffades och …” Hon avbröt sig tvärt och kikade osäkert på Moa. ”Ja?” sa Moa uppfodrande, ”varför slutar du? Det vore ju roligt om någon vågade pratade med mig om mamma någon gång. Hon har varit död i snart fem år! Kan någon berätta för mig hur hon var på riktigt?! Hur hon var när hon var ung, vad hon gillade för musik och vad hon inte gillade och så. Pappa är helt hopplös. När han pratar om mamma, så låter det som om han pratade om ett helgon, och så håller han på att börja lipa varje gång. Mamma var, enligt honom, bara snäll jämt och hade inte några dåliga sidor, men det stämmer ju inte! Jag minns att hon var skitjobbig ibland och skrek att jag skulle sova någon gång för helvete. Hon ville väl gå tillbaka till skrivbordet, antar jag." Anette log, jo, den där målmedvetna Kicki, den kände hon allt till. Hon som ville skriva, skriva, skriva och som kunde sitta hela natten om hon hade någon idé eller ny infallsvinkel som hon absolut ville testa.

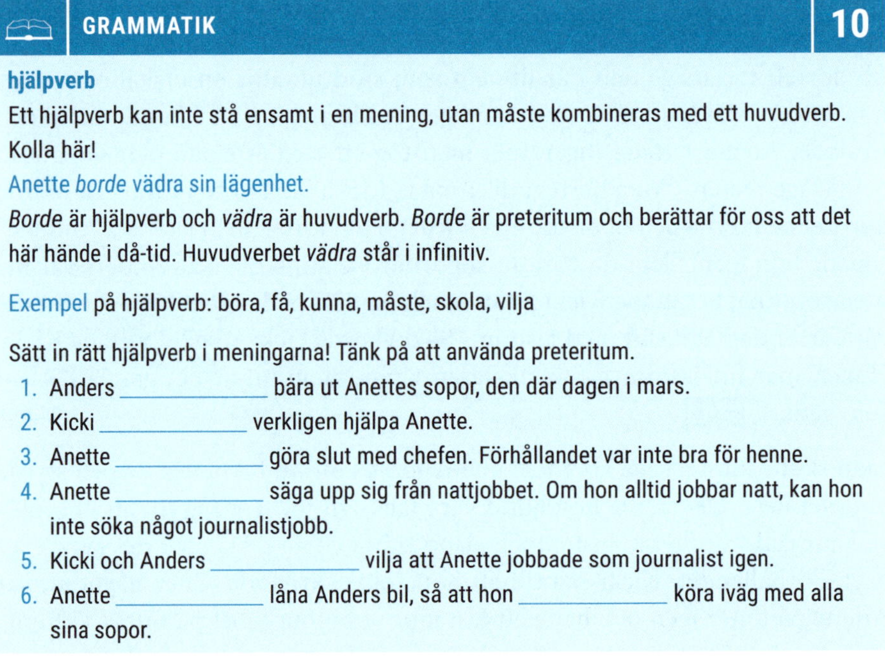

GRAMMATIK **10**

hjälpverb

Ett hjälpverb kan inte stå ensamt i en mening, utan måste kombineras med ett huvudverb. Kolla här!

Anette *borde* vädra sin lägenhet.

Borde är hjälpverb och *vädra* är huvudverb. *Borde* är preteritum och berättar för oss att det här hände i då-tid. Huvudverbet *vädra* står i infinitiv.

Exempel på hjälpverb: böra, få, kunna, måste, skola, vilja

Sätt in rätt hjälpverb i meningarna! Tänk på att använda preteritum.

1. Anders __________ bära ut Anettes sopor, den där dagen i mars.
2. Kicki __________ verkligen hjälpa Anette.
3. Anette __________ göra slut med chefen. Förhållandet var inte bra för henne.
4. Anette __________ säga upp sig från nattjobbet. Om hon alltid jobbar natt, kan hon inte söka något journalistjobb.
5. Kicki och Anders __________ vilja att Anette jobbade som journalist igen.
6. Anette __________ låna Anders bil, så att hon __________ köra iväg med alla sina sopor.

"Vänta lite, jag fixar fram lite kaffe till oss", sa Anette och reste sig upp för att få en liten stund att tänka på. Vad skulle hon göra nu? Moa ville veta mer om sin mamma, det var väl ändå inte det som Anders bett henne om? Anettes händer darrade och hon spillde kaffe på golvet när hon gick tillbaka till bordet.

Moa satt och stirrade tomt framför sig, när Anette kom tillbaka. Hon såg plötsligt mycket yngre ut än sina 17 år. Anette satte ner en av kaffekopparna framför Moa och sa: "Här. Jag vet förresten inte ens om du dricker kaffe. Men det ska du veta, din mamma, hon drack aldrig kaffe. Hon var en övertygad tedrickare. Det skulle vara earl grey, inget annat. Med en slurk mjölk i." Moa tittade upp, och plötsligt log hon och Anette tyckte att hon var den vackraste 17-åringen hon någonsin sett. Och så lik sin mamma! → 11

Invånarna i de nordiska länderna är riktiga kaffedrickare! Mest kaffe dricker finländarna, som dricker 3,5 koppar per dag. Svenskarna är på andra plats med 3,2 och sedan kommer Norge och Danmark med 3,1.

”Nej, nu skiter vi i både kaffet och det här stället”, bestämde Anette, reste sig upp och tog fram sin mobil. ”Jag ska bara meddela jobbet, att jag inte kommer in mer idag. Och du, kära Moa, du får finna dig i att det blir skolkning för dig resten av eftermiddagen. Nu ska vi ut och följa spåren av din mamma här i stan!” Anette hade fått en idé. Moa protesterade inte utan såg nyfiken och glad ut.

När de satt i Anettes bil, körde hon först mot nordöst, till de fula hyreskasernerna på Hässleholmen. ”Här bodde din mamma och pappa, när de just flyttat hit från Uppsala. Det var långt innan du föddes! Anders tyckte att det var ett alldeles för stökigt och bråkigt område, men Kicki älskade det! Hon skrev en artikelserie om några av de som bodde här. Varifrån de kom, hur de kom till Sverige och vad de hade för drömmar och planer.” Moa kikade nyfiket genom bilrutan på de gråvita husen i miljonprojektsstil. → 12

”Ska vi gå ut och titta?” undrade hon. ”Vilken gata bodde mamma och pappa på?” Anette bromsade in och körde sakta över det ena farthindret efter det andra. ”Nej, vi stannar inte här,” bestämde hon. ”Jag minns inte vad gatan hette, men jag tror det var Tunnlandsgatan. Det är den vi kör nu.” Anette försökte minnas, men kom bara ihåg hur lägenheten hade sett ut inuti. Det berättade hon för Moa. ”Din mamma var grym på att få det mysigt hemma! De hade inte så mycket pengar när de flyttade hit, men Kicki hittade alltid de där guldkornen på myrorna och på loppis som folk bara drömmer om, men aldrig får tag i. Hon kunde hitta en ful, gammal fåtölj som ingen ville ha, sedan ägnade hon en helg åt att klä om den i något roligt tyg och så såg hela rummet ut som …” Moa tittade uppfodrande på Anette. ”Som vad? Vad såg rummet ut som?” Anette tvekade. ”Tja, jag vet inte hur jag ska beskriva det. Men det kändes alltid så mysigt, när Kicki hade varit framme. Hon visste liksom hur man gjorde för att få en lägenhet att kännas som ett hem.” → 13

FAKTA 12

1965 bestämde Sveriges riksdag att man under tio år skulle bygga en miljon bostäder, främst i storstadsregionerna runt Stockholm, Göteborg och Malmö. Man ville bygga bort bostadsbristen, trångboddheten och samtidigt höja bostadsstandarden. Man startade det så kallade "miljonprojektet". Det var högkonjuktur i Sverige, många invandrare kom för att jobba i industrin och det föddes många barn.

Men redan i slutet av 60-talet, rapporterades att det blev allt svårare att hyra ut lägenheterna och istället för bostadsbrist fanns det plötsligt för många lediga lägenheter! På 70-talet kom oljekrisen, det föddes inte lika många barn längre och allt fler stadsbor följde den "gröna vågen" och flyttade ut på landet.

Många har varit kritiska till de bostadsområden som byggdes under den här tiden. De sa att husen var fula och utan planering för hur folk skulle kunna mötas och trivas. Områdena fick dåligt rykte och de som hade råd, flyttade därifrån. Idag är det fortfarande ungefär 25 % av Sveriges befolkning som bor i hus byggda under den här perioden. En del byggnader har rivits, andra har rustats upp.

Hässleholmen byggdes under den här tiden, men har på senare år renoverats och rustats upp. Vill du se hur det ser ut idag?
https://bostader.boras.se/hyra-och-bo/vara-omraden/hassleholmen

FAKTA 13

Om du är intresserad av att göra fynd och inte har något emot att handla begagnade saker, ska du hålla utkik efter *myrorna* och *loppis* i Sverige.

- Myrorna är en butikskedja där man kan köpa möbler, kläder, böcker och mycket annat. Butikerna drivs av Frälsningsarmén.
- Loppis är en förkortning av "loppmarknad" och det finns hur många som helst i Sverige! Ibland organiseras så kallade "bakluckeloppisar", där folk parkerar med sina bilar och säljer saker direkt från sin baklucka!

Moa såg fundersam ut. "Det har jag inte tänkt på förut, men jag tror faktiskt att pappa inte har ändrat på en enda pryl eller köpt några möbler sedan mamma dog. Jag trodde att han inte ville ändra på något för att han ville ha det så som det var när mamma levde, men han kanske helt enkelt inte vet hur man gör?" Anette nickade och sa: "Nej, det har du helt rätt i. Han har ingen aning om hur man gör! Innan han flyttade ihop med din mamma, bodde han ett tag med en annan tjej, Fin-Jasmin, och hon hade väldigt exklusiv smak. Och en pappa med stor plånbok!" "Hette hon verkligen Fin-Jasmin?" fnissade Moa. "Nej, hon hette förstås bara Jasmin och något fint i efternamn som jag har glömt. Öknamnet Fin-Jasmin hittade Kicki på en gång när jag berättade något knäppt som den där bortskämda bruden hade sagt, och sedan kallade vi henne alltid så när vi pratade om henne!" → 14

ORDFÖRRÅD 14

Man skulle kunna säga att ett smeknamn är en positiv omskrivning av någon eller något och ett öknamn är ett negativt.
"Fin-Jasmin" är här definitivt ett öknamn, eftersom Kicki och Anette inte gillar Jasmin och talar nedsättande om henne. Moa kallar sin faster för "Nettan", vilket är en gullig form av Anette. Det är alltså ett smeknamn.

Ibland hör man att svenskar kallar Stockholm för Fjollträsk eller Tjockhult. Tycker du att det är smeknamn eller öknamn?

Vilka namn tycker du är smek- respektive öknamn?
Lillan, Fetknoppen, Bosse, Sötnos, Köttbullen, Lilleman, Sussi, Bengeten, Älgen, Näsan

"Vart ska vi nu?" frågade Moa förväntansfullt. "Nu åker vi till Kickis kontor", sa Anette och svängde ner mot stan igen. "Kommer du ihåg att din mamma frilansade som journalist?" Moa nickade. "Så klart jag kommer ihåg att mamma var journalist! Precis som du! Jag kommer faktiskt ihåg att hon alltid skrev och när jag var liten kändes det som om hon hellre skrev än var med mig. Men frilans, det hade jag glömt. Vad är frilans, egentligen?"

"Frilans för Kicki betydde att hon kunde jobba med de projekt hon ville. Hon var inte så bra på att vara anställd. Hon blev osams med sin redaktion för hon ville inte göra de där tråkjobben som alla måste göra ibland på en tidningsredaktion. Herregud, om du visste hur tråkigt det kan vara att åka ut till en bonde någonstans i Mårdaklev och prata om hans prisbelönta ko. Alla andra bara gör det, men inte din mamma. Hon tyckte att det var slöseri med tid och vägrade. Det gjorde förstås att kollegorna blev sura och det blev en massa snack." Moa rynkade pannan. "Hur då snack?" "Ja, du vet. De andra journalisterna gillade inte att de själva måste göra skitjobben för att din mamma tyckte att hon var något viktigt på spåren." "Var hon något viktigt på spåren då?" undrade Moa. "Ja, ibland var hon det. Men absolut inte alltid! Ibland jobbade hon som en tok i flera dagar för att bara säga till sin redaktör att det tyvärr inte blev något. Det gjorde henne inte bara omtyckt, om du förstår vad jag menar."

"Här!" Anette stannade bilen och pekade upp mot ett fönster på ett gult tegelhus Österlånggatan. "Där uppe hade Kicki sitt frilanskontor. Hon hade faktiskt blivit av med jobbet i Uppsala. Jag minns inte exakt vad det handlade om, men jag vet att hon hade bråkat med kollegorna. Det var ett herrans liv och facket var inblandat. Jag antar att din pappa tyckte att det var bättre att hon fick sitta för sig själv ett tag och jobba ... Den lilla lägenheten på Hässleholmen kostade inte så mycket, så Anders lön räckte till ett kontor också. Antagligen trodde han att hon skulle lugna ner sig och söka jobb på någon redaktion igen så småningom. Men så blev det aldrig." → 15

FAKTA **15**

Fackföreningarna eller facket som de också kallas, är organisationer för människor som är anställda. I Sverige förhandlar de bland annat med arbetsgivaren om lönerna och betalar ut ersättningen om man skulle vara utan jobb någon gång.

Moa tittade under lugg på Anette och det syntes att hon väntade på fortsättningen. "Vet du varför det inte blev så?" Anette nickade sakta. "Jo, jag vet" och sedan sa hon inget mer. Hur skulle hon kunna berätta för Moa att under de kommande åren hade Kicki bara haft ett projekt: att bli mamma. När hon inte blev gravid inom den tid som hon själv tyckte var rimlig, hade både hon och Anders varit hos olika läkare för att ta reda på var felet låg.

Anette tyckte nu i efterhand att det var här hon hade tappat bort Kicki, inte när Moa äntligen föddes och inte när Kicki tio år senare blev sjuk i cancer. Det var här det hade hänt. Kicki kunde inte prata om annat än vad de läkarna hade sagt och om sådant som hon läst, hört och sett om hur man kan höja chansen att bli gravid. Det var te på någon exotisk växt, det var yoga och det var speciella dieter. Det var egentligen precis som det brukade med Kicki. När hon fått något på hjärnan, så var det bara det som hon var intresserad av. Det var omöjligt att prata med henne om något annat. Anette försökte ibland berätta om något från sitt eget liv, då hade Kicki nickat, hummat och sett ut som om hon tittade på en punkt någonstans bort vid horisonten. Efter en liten stund, hade hon varit tillbaka i sitt tema igen. Hon tänkte på att bli gravid under alla dygnets vakna timmar. → 16

Anette hade försökt att prata med Anders om det, men han hade skämtat bort det. Hon borde ha frågat mer! Hon visste ju hur jobbigt det var att leva med Kicki när hon var så ...fixerad. Det hade hon ju själv märkt, när de var studenter. Då hade Kicki ibland bitit sig fast i en uppgift och hade varken ätit eller sovit ordentligt innan hon tyckte att hon var färdig. Kicki själv, kallade det förstås inte för att vara ”fixerad” utan sa att hon var ”fokuserad” och ”målmedveten”. Anette hade inte frågat Anders fler gånger men hon hälsade inte på lika ofta i villan i Brämhult, som de hade flyttat till efter lägenheten på Hässleholmen. Hon fikade inte med Kicki varje vecka längre och hon slutade att åka på semester med dem. → 17

GRAMMATIK **16**

Tidsuttryck 2

Om man pratar om något som regelbundet återkommer, kan man använda båda formerna:

på morgonen / morgnarna   på natten / nätterna   på kvällen / kvällarna

Exempel:

På morgonen dricker Anette alltid te. Anette dricker alltid te på morgnarna.
Moa drömmer om sin mamma på natten. På nätterna drömmer Moa om sin mamma.
På kvällen tittar Anders på TV. Anders tittar på TV på kvällarna.

GRAMMATIK **17**

bisatser, indirekt tal

När du vill berätta vad någon annan till exempel har sagt, så kan du använda en av de här bisatsinledarna: att / om / ett frågeord

Att passar bäst efter verb som betyder ”säga”, till exempel tycka, tro, berätta.

Ex. Anette säger att det är en lång historia. Moas pappa hade berättat att Moa och han ofta bråkade.

Om är lämpligt när det gäller indirekta frågor utan frågeord.

Ex. Anette frågade Moa om hon drack kaffe. Anders undrade om Anette kunde luncha med Moa.

Ett frågeord funkar bra i frågor som börjar med frågeord, helt enkelt.

Ex. Anders frågade sig *var* Moa blivit av. Moa ville veta *varför* ingen berättade om hur hennes mamma verkligen hade varit.

”Nettan?!” Moa puffade till sin faster. ”Vad var det som hände? Det var väl inte då hon blev sjuk? Eller var det då jag föddes?” Anette svalde, tvekade en sekund men sedan började hon. ”Jag vet inte vad din pappa har berättat om tiden innan du föddes, men nu får du helt enkelt höra hur det var för mig. Men det är en lång historia och åtminstone jag, behöver kaffe och en chokladbiskvi.” Anette parkerade bilen där de stannat i närheten av Kickis gamla

kontor och tog axelremsväskan i handen. ”Det här kommer att ta en stund. Vi går till din mammas och mitt favoritfik, Orion, och där ska jag berätta allt.”
→ 18

FAKTA **18**

Café Orion har funnits i Borås sedan 1930-talet och är ett klassiskt café med mackor och bakverk, men det finns även lite enklare mat som sallader och pajer. Många caféer i Sverige erbjuder påtår, det vill säga att du får gratis påfyllning av din kopp med bryggkaffe.

Känner du till de här svenska bakverken? Kombinera namnet med beskrivningen!

1. en chokladbiskvi	a. vetedeg fylld med smör, socker och krydda
2. en dammsugare	b. småkaka med mandlar
3. en kanelbulle	c. seg kaka med en fluffig smörkrämsfyllning
4. en maräng	d. avlång kaka med grön marsipan och choklad i ändarna
5. en bondkaka	e. kaka gjord på socker och äggvita

Här kan du se hur det ser ut på caféet! https://www.cafeorion.se/

Efter att Anette druckit kaffe och påtår tyckte hon att hade berättat allt. ”Jag är alltså ett provrörsbarn”, sa Moa eftertänksamt och sög på sugröret till sin päronfestis. ”Är det därför jag inte har några syskon?” Anette ryckte på axlarna. ”Det måste du fråga din pappa om. Det vet jag faktiskt inte. Det skulle ju kunna vara så, att när Kicki hade blivit mamma, när hon hade fått dig, så var hon nöjd. Hon hade varit gravid, hon hade varit med om en förlossning, hon hade ett barn. Nu hade hon säkert hunnit komma på andra, nya projekt. Hon var inte så bra på att göra samma sak flera gånger, om du förstår hur jag menar …”
”Nu åker vi upp till Kypesjön,” sa Anette. ”Där älskade din mamma att springa och basta. Jag vet inte ens om den där gamla bastun finns kvar. Men förr kunde man bada bastu där och sedan hoppa direkt i sjön.” ”Jodå”, sa Moa ”den finns kvar. Jag var där med mamma när jag var liten. Pappa brukar gå dit ibland med sina jobbarkompisar. Jag har inte varit i bastun sedan mamma blev sjuk. Måste vi åka dit? Jag vet precis hur det ser ut där. Jag sprang åtta-kilometers-rundan där med Lisa i förra veckan.” Anette tittade förvånat på Moa. ”Jag visste inte att du sprang?” Moa log snett. ”Ja du, Nettan, det är mycket du inte vet om mig, eller hur?” → 19

 **FAKTA** **19**

Det finns många friluftsanläggningar runt om i Sverige. De brukar ha olika långa spår för löpning och skidåkning. Spåren går ofta genom skogar och över ängar. För att kunna motionera utomhus då det är mörkt, behöver man belysning. Minst ett spår i varje anläggningen brukar vara ett så kallat elljusspår.

Här kan du se hur det ser ut vid Kypesjön:
https://www.boras.se/upplevaochgora/friluftslivochnatur/badplatser/kypesjon

"Vart tycker du vi ska åka nu då, istället för till Kyppis?" undrade Anette. "Vi skulle ju kunna åka till kulturhuset med biblioteket och teatern. Kicki hängde mycket på bibblan och gick periodvis på alla föreställningar både på stora och lilla scenen. Men du går ju i skolan precis brevid, så där är du ju varje dag." Moa sneglade på klockan. "Vi skulle ju kunna åka hem till pappa istället. Om skolk-varningssystemet funkar på Bäckäng, så borde han redan ha fått ett SMS om att jag inte varit på lektionerna i eftermiddag. Och om jag känner honom rätt, så har han hunnit bli skitarg. Han tror ju att jag håller på med droger eller något åt det hållet."

När de närmade sig 40-tals villan på Grändgatan i Brämhult, märkte Anette att Moa blev nervös. "Det är nog bäst att du inte kommer med in," sa hon plötsligt. "Du kommer inte att vilja höra pappa när han är arg." Anette försökte lugna sin brorsdotter. "Men Moa, han kommer inte att vara arg. Han vet ju att vi två skulle träffas. Han kommer kanske att vara orolig, men han är säkert inte arg. Varför skulle han vara det?" Moa såg inte övertygad ut. "Och förresten, så känner jag min bror. Har du glömt att vi är tvillingar? Jag hänger med in. Det var länge sedan jag träffade brorsan."

Anette parkerade sin bil bakom Anders bil på uppfarten. Moa klev ur och gick sakta mot ytterdörren. Hon vände sig om för att se om Anette verkligen följde med. Det gjorde hon. De hann inte ens fram till dörren innan den flög upp och Anders kom ut. "Var i helvete har du varit?!" skrek han. "Jag har fått meddelande från skolan att du inte varit där på hela djävla eftermiddagen! Har du börjat skolka nu också??" Anette såg hur Moas kropp sjönk ihop, som om luften gick ur henne. "Svara då, för fan!" → 20

ORDFÖRRÅD **20**

Om du blir riktigt arg, kan det hända att du vill ta till kraftuttryck, kanske svordomar. I svenskan används ofta ord som på något sätt har med religion att göra, eller ännu hellre med religionens motsats: djävulen! Jävel, fan, satan är olika ord för samma sak. Eller så använder man ordet för där han håller till: helvete!

Dessa ord kan kombineras på oändliga sätt: fan i helvete! Jävla förbannade skit! Satan i gatan!

Ett lite snällare sätt att svära på är att använda siffror: Fy sjutton! För hundra gubbar! Tusan också! Attans! (Attans betyder egentligen arton.)

Anette tänkte på alla de gånger som hon svikit Moa och bestämde sig för att det var nu hon skulle gottgöra dem. Eller åtminstone försöka göra något rätt någon gång. Hon föste undan Moa och ställde sig mittemot sin bror. ”Hej brorsan, det var värst vad du tar i. Du har inte tänkt på att använda ett litet trevligare språk? Jag tror att Moa skulle känna sig mer välkommen då, förstår du.” Anders ryckte till och stirrade förvånat på sin syster. ”Har du glömt att du bad mig ta ut Moa på lunch? Tack för att du påminde mig om vilken viktig person Moa är i mitt liv!” Anders mun var fortfarande öppen, men han var tyst nu. ”Idag kom jag ihåg hur ensam jag kände mig efter att vår mamma dött och jag förstod hur ensam Moa måste ha känt sig. Fram tills idag faktiskt, så tror jag att det var för jobbigt för mig att tänka på det. Jag såg Moa och så tänkte jag på mig själv när jag var ung, och därför vågade jag inte prata med henne. Alltså, prata på riktigt. Du fattar, eller?”

Anders gick baklänges in i hallen, Anette fortsatte framåt och Moa gick bakom Anette. ”Men idag, när jag hämtade upp Moa i skolan, så kom jag att tänka på att jag faktiskt var lycklig ganska ofta när jag gick på Bäckängsgymnasiet. Där var jag inte bara den stackars flickan som inte hade någon mamma, jag fick vara Anette. Och jag kunde vara glad, skratta högt och ha tokiga hemmasydda kläder och när folk tittade på mig tänkte de inte på att min mamma var död, utan på mina kläder eller att jag hade sagt något roligt på matten.” Anette hade nu kommit in i köket, Anders satte sig på en stol och Moa stod fortfarande bakom henne. Anette märkte att båda lyssnade uppmärksamt på henne. ”Och då förstod jag att jag inte behöver vara rädd längre för att komma Moa nära. Moa är inte bara en unge utan mamma. Hon är en ambitös gymnasieelev, hon gillar att springa, älskar mellanösternkäk och är väldigt klok!”

Anette kände att hon snart hade sagt allt hon ville. ”Idag märkte jag också att jag inte behövde vara rädd för Moas frågor om Kicki längre. Moa vill höra sanningen och hon är klok nog att förstå. Du har också gjort fel mot Moa, Anders. Du har inte fattat att hon nästan är vuxen nu. Att hon vill och kan fatta egna beslut.” Moa rusade fram till Anette och kramade henne. Anette märkte att både hon själv och Moa grät. Anders reste sig långsamt upp från köksstolen. Han försökte hålla om dem båda två i en klumpig jättekram. ”Vilken gråtfest”, snörvlade han och torkade bort tårarna med baksidan av handen. ”Jag hade i alla fall rätt i en sak” sa han triumferande. ”Vadå?” undrade Anette. ”Att det var en bra idé att du skulle ta med Moa på lunch!”

GLOSLISTA

smickrad	geschmeichelt
bortblåst	weggeweht
jämnårig	gleichaltrig
hasa, -r, -de, -t	schlurfen
en käpp, -ar	Stock
inte ... heller	auch nicht
en ung/e, -ar	Kind, Göre
rata, -r, -de, -t	verwerfen
(ett) mellanösternkäk	Essen aus dem Nahen Osten
ångra sig, -r, -de, -t	es sich anders überlegen
en håltimm/e, -ar	Freistunde
tågluffa, -r, -de, -t	per Interrail reisen
få fotfäste, -r, fick, -tt	festen Fuß fassen
en änkling, -ar	Witwer
en hemtjänst, -er	Pflegedienst
bekräftad	bestätigt
en utskällning, -ar	beschimpft werden
en persienn, -er	Jalousie
styr/a upp, -, -de, -t	auf die rechte Bahn bringen
sjukanmäld	krankgemeldet
lipa, -r, -de, -t	weinen
målmedveten	zielstrebig

stökig	durcheinander
bråkig	schwierig, störrisch
triv/as, -s, -des, -ts	sich wohlfühlen
ett rykte, -n	Gerücht
vara grym på något	etwas sehr gut können
en baklucka, -or	Kofferraum
bortskämd	verwöhnt
en brud, -ar	Braut
bli osams, -r, blev, -it	sich streiten, uneinig sein
gravid	schwanger
rimlig	angemessen
bit/a sig fast, -er, bet, -it	sich festbeißen
en påtår, -ar	noch eine zweite Tasse Kaffee
ett provrörsbarn, -	Retortenbaby
en päronfestis, -ar	ein Trinkpack mit Birnensaft
en uppfart, -er	Auffahrt
svik/a, -er, svek, -it	im Stich lassen
gottgör/a, -, -gjorde, -gjort	wiedergutmachen
klumpig	unbeholfen

Diskussionsfrågor

1. Vad gör Anette på Bäckägsgymnasiet?
2. På villket sätt tycker du att Anette och Moa är lika?
3. Vad får du veta om Kicki?
4. Vad gjorde Anette efter att hon tagit journalistexamen i Lund?
5. Hur fick Anette veta att Anders och Kicki blivit kära i varandra?
6. Varför tar Anette med Moa till Hässleholmen?
7. Varför tror du att så många svenskar är intresserade av heminredning? Vad gör ett svenskt hem mysigt?
8. Moa har inga syskon. Gör en lista på både för- och nackdelar med att vara ensambarn!
9. Vad skulle du vilja göra vid Kypesjön?
10. Vad önskar du Moa, Anders och Anette i framtiden?

Facit

Svenljunga: Den försvunna kyrknyckeln

6 1. av | 2. i | 3. på | 4. efter, till | 5. på | 6. genom | 7. ut, i | 8. framför, på | 9. ur, i | 10. på, ner, till | 11. på, efter, in

8 dålig/bra | pigg/trött | ful/fin | upphetsad/lugn | besviken/nöjd | lydig/olydig | munter/trist | orolig/lugn | kall/varm | lös/hård

9 1. antingen ... eller | 2. både ... och | 3. varken ... eller | 4. varken ... eller | 5. både ... och

14 1a | 2d | 3b | 4f | 5e | 6c

Marstrand: Gubben och grabbhalvan

2 1 | 3 | 4 | 2

3 1. lilla, dammig | 2. randiga, ren | 3. smutsiga | 4. rena, smutsigt | 5. gäll, nyfikna | 6. upptagna

5 trosor | kappa | dräkt | linne | blus
över | under | under | över | över | under | över & under | över | över

7 1. gifte sig | 2. bröllop | 3. kärlek | 4. älskade | 5. blev förälskad | 6. var kär

8 1. alltid | 2. ofta | 3. aldrig | 4. ibland | 5. sällan

13 (arg), argare, argast | (fin), finare, finast | (kort), kortare, kortast

Göteborg: Mamman som rymde

2 1. slipper | 2. hinner | 3. slipper | 4. slipper | 5. hann / hinner

3 1. varenda | 2. Vartannat, vartannat | 3. varenda | 4. varannan / varannan | 5. vartenda

10 1. drygt | 2. knappt

11 1. argare | 2. ensammare | 3. friare | 4. snällast | 5. kortare | 6. äldre | 7. mest | 8. sämsta | 9. bättre, mer | 10. minst

12 väcker / väck! | vaknar / vakna! | gör / gör! | äter / ät! | tvättar / tvätta! | borstar / borsta! | klär / klä! | kammar / kamma! | tar / ta! | går / gå! | skyndar / skynda! | leker / lek! | byter / byt! | badar / bada! | slutar / sluta! | läser / läs! | lyssnar / lyssna! | dricker / drick! | hittar / hitta! | somnar / somna! | sover / sov!

14 1. ligger / lägger | 2. vaknade / väckte | 3. somna / sover | 4. står / ställer

15 1. hastigt | 2. hårt | 3. flitigt | 4. fint | 5. ilsket

16 1. jag, er, jag, mig | 2. du, oss, du, dig | 3. jag, han | 4. du | 5. hon | 6. hon, de, de, oss | 7. ni, ni, dem | 8. vi, dem, vi, henne

Varberg: Älskar, älskar inte

2 1. i, på | 2. med, av | 3. i, med, till | 4. bakom, Framför | 5. utanför | 6. ur | 7. i | 8. ut, genom

3 1. mer romantisk | 2. mest förvånad | 3. mer intressant | 4. mest fascinerande

8 1. många, mycket | 2. många | 3. mycket | 4. många | 5. många

16 1. torp | 2. lantställen | 3. sommarställen | 4. sommarnöjen | 5. stugor

17 1. valp | 2. hanhund | 3. matte | 4. koppel
en tik = Hündin | husse = Herrchen

18 (sitta), sitter, sitt! | ligga, (ligger), ligg! | komma, kommer, (kom!)

Borås: Nostalgitripp

3 1. söndag | 2. i morse | 3. i natt | 4. igår kväll och i morse | 5. imorgon! | 6. tisdag

5 käppar, familjer, skolor | vagnar, hissar, barn | trappor, pianon, hår | byggnader, hjul, tidningar

7 1. Ja, det gjorde hon. | 2. Nej, det är hon inte. | 3. Jo, det gör hon. | 4. Nej, det brukar de inte. | 5. Ja, det har hon. | 6. Nej, det har hon inte.

8 snickare | publik | redare | koreograf

9 1b | 2e | 3a | 4c | 5d

10 1. kunde | 2. ville | 3. borde / måste | 4. måste / borde | 5. skulle | 6. fick, kunde

14 Stockholm: Fjollträsk är ett öknamn, men Tjockhult kan faktiskt vara både ock!
Smeknamn: Lillan, Bosse, Sötnos, Lilleman, Sussi,
Öknamn: Fetknoppen, Köttbullen, Bengeten, Älgen, Näsan

18 1c | 2d | 3a | 4e | 5b

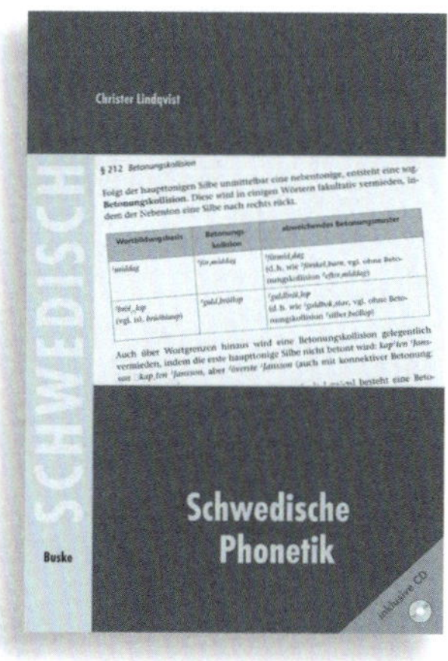

Christer Lindqvist

Schwedische Phonetik

für Deutschsprachige

X, 208 Seiten und eine Audio-CD mit zahlreichen Aussprachebeispielen
978-3-87548-358-1
Kartoniert

Zielgruppe: Anfänger und Fortgeschrittene, Studierende, Schwedischlehrer.

Lernziele: Vervollkommnung der Aussprache, vertiefte Einsichten in das schwedische Lautsystem.

Konzeption: Ergänzend zu anderen Lehrbüchern können mit diesem Band die schwedischen Ausspracheregeln intensiv studiert und die eigene Sprachkompetenz verbessert werden. Die Darstellung regt zu gezielten Übungen an. Dabei wird besonders auf die Schwierigkeiten von deutschen Muttersprachlern eingegangen.

Bewertungen:

„Eine ideale Ergänzung für alle, die einen Schwedischkurs besuchen oder mit einem Lehrbuch lernen und die ihre Aussprache weiterentwickeln möchten. Das Buch fokussiert ganz auf die Phonetik und ist deshalb auch als Ergänzung und nicht als Ersatz für Sprachkurse zu verstehen. Gerade die Ausrichtung auf deutschsprachige Lerner hilft ungemein. Grundkenntnisse des Schwedischen sollten bereits vorhanden sein, um das Potenzial dieses Werks ausschöpfen zu können.“ *schweden-seite.de*

„Endlich ein deutsches Lehrwerk, das meinen Anforderungen entspricht.“
Lehrende an der TU Braunschweig

„Dank der gut verständlichen Erklärungen zu den verschiedenen phonetischen Begriffen können auch Personen ohne umfangreiche sprachwissenschaftliche Vorkenntnisse mit dem Buch arbeiten.“ *Dozentin an der Universität Stuttgart*

BUSKE